Ce que cœur de femme veut

Du même auteur
chez Publications ORION :

La santé totale

Enfin mince

Le mal du sucre

Le mal du gras

Le bonheur du végétarisme

Quand manger rend fou

Mon « petit » docteur

Belles histoires comme autrefois

Le bébé et sa nutrition

L'adolescent et sa nutrition

La ménopause : une autre approche...

DANIÈLE STARENKYJ

Ce que cœur de femme veut

Le dévoilement du trait inaltérable de l'âme féminine

ORION

Diffusion pour l'Amérique :

Publications ORION Inc.
C.P. 1280, RICHMOND (Québec)
Canada J0B 2H0
Tél. : 819.848.2888
orion@dr.qc.ca
www.publicationsorion.com

Réimpression – août 2012

Déjà paru sous le titre *Le désir féminin*

Publications ORION Inc.
C.P. 1280, RICHMOND (Québec),
Canada J0B 2H0

ISBN-13 : 978-2-89124-032-1

Dépôts légaux – 1er trimestre 2007
Bibliothèque Nationale du Québec
Bibliothèque Nationale du Canada

À Patricia

Âme de femme

C'est un couvercle démesuré
– Sa nature oubliée
Hors toutes mesures pensé –
Qui maladroitement sert,
Fait la guerre
À cette âme millénaire
Grande voyageuse des sentiers sauvages
Des artères trop polluées

De fines poussières emmenées
– Les temps les ont lachées
Rien n'a su les détourner –
Font tousser les suffrages,
Vrai saccage
D'un profond héritage
Tout silencieusement déposé
Dans le coffret des intuitions

La pellicule des déceptions
– Où même la raison
Ne peut trouver de raisons –
De son poids invisible,
Insensible
Étouffe la voix fragile
De ces yeux qui aiment les fleurs roses
Et qui soupire « je désire »

Élisabeth Starenkyj
Mots d'âme, Orion

Laura...

IL Y A un paysage qui, chaque fois, me rappelle Laura. C'est un paysage d'épinettes sombres se découpant sur un ciel lumineux où croassent quelques corneilles, premiers signes annonciateurs d'un printemps encore à venir...

Je ferme alors les yeux et dans l'air qui claque, je vois Laura ; Laura, avec ses longs cheveux blonds un peu trop filasse frisés par les ondulations de sa natte habituelle ; avec sa robe de velours rouge qui lui pinçait un peu trop la taille ; avec ses escarpins de cuir vernis qui semblaient mal contenir ses pieds un peu trop gros et un peu trop courts... Laura, avec son cœur en berne et ses grands yeux d'un bleu très clair où venait de chavirer toute l'angoisse de son être...

Laura était bergère. Pas à la façon de Marie-Antoinette, non, elle était une véritable bergère, une bergère à l'américaine, propriétaire et patronne d'un immense domaine qu'elle dirigeait à elle toute seule.

Laura montait à cheval, faisait les clôtures, coupait le foin, semait et récoltait l'avoine et le maïs, tondait les moutons, vendait et achetait le bétail à l'encan, fréquentait les foires où ses animaux remportaient les premiers prix.

Le foulard sur la tête, chaussée de bottes, en jeans et en pull-over semaine après semaine aussi loin qu'elle s'en souvienne, elle avait été parfaitement heureuse de son sort jusqu'à ce jour de printemps fatidique...

Ce jour, la neige avait encapuchonné la bergerie où elle avait passé la nuit, absorbée par la mise bas des brebis. Près de trente agnelets étaient nés ! Elle les avait tenus dans ses bras. Elle les avait réchauffés et caressés et mis au pis de leurs mères, et d'une voix devenue monotone par l'effet de la fatigue, elle leur avait dit à chacun : « Tiens, mon petit, tiens, tète, tu vas voir, tu vas devenir grand et fort, allez, sois gentil, fais plaisir à tante Laura... »

Soudain, après les avoir prononcés une bonne douzaine de fois, ces deux derniers mots se mirent à avoir dans sa bouche un goût de plus en plus étrangement douloureux : « Tante... Laura... ». Un vertige la prit et à genoux dans la paille humide, les poings serrés sur son cœur qui battait à se rompre, elle murmura de ses lèvres tremblantes « 29 ans, j'ai 29 ans » et elle ferma les yeux... Les bêtes sentant son trouble la pressèrent de toute part. Des sanglots la secouèrent et elle se mit à marmonner : « Voilà dix ans que je fais tout, que je suis tout, que je suis seule, que je n'ai rien, que je ne suis rien, rien que tante Laura pour mes moutons, mes ouvriers, mes voisins, les gens du village, les paysans du marché, les fermiers de l'encan, les gamins de l'église, mes neveux et mes nièces... »

Laura s'était alors précipitée dehors et appuyée à l'embrasure de la porte de son étable, le soleil levant en plein visage, les pieds dans la boue, elle avait été saisie d'un mal fulgurant qui lui avait étreint l'âme pour l'en purger enfin de son tréfonds... Et... comme une femme en travail, elle avait crié... : « Être aimée, ce que je veux, c'est être aimée... »

À peine prononcée, cette phrase se mit à lui marteler le cerveau et égarée par la puissance de son aveu, elle allait ici et là, titubant de stupeur, anéantie par l'intensité de son désir d'être aimée, subjuguée par l'urgence de son besoin d'être aimée.

Puis... Laura ne fut plus jamais la même. En quelques secondes toute la fierté qu'elle avait eu à être une femme de carrière qui avait réussi, tout l'orgueil qu'elle avait éprouvé à diriger sa vie seule, à être autonome, indépendante, libre et totalement dégagée de tout souci domestique, toute la hauteur dont elle avait enveloppé ses rapports avec les hommes qu'elle rencontrait constamment au cours de ses activités professionnelles, s'évanouirent comme un mirage du désert. Laura se mit à avoir froid et faim et soif et chaud et peur, tout en même temps et tout le temps. Une panique sourde s'installa à demeure dans son cœur et un jour d'un autre printemps, excédée par ses moutons, elle était partie à la conquête de l'amour.

Ses pérégrinations, après l'avoir menée au Sud, l'avaient conduite au Nord, chez un de nos voisins rencontré par le biais d'une agence matrimoniale. À la suite de quelques échanges de lettres courtes, elle avait accepté une invitation à venir le voir. Logée chez d'autres voisins, elle avait tenté de le fréquenter normalement... Et un matin, ils étaient allés se promener sur la route qui passait devant chez moi, question de faire le point.

Oh ! Laura en escarpins fins, en robe de velours rouge et en cape de bure par une matinée de printemps si froid ! On entendait la sève couler dans les chaudières accrochées aux érables entaillés et le soleil faisait briller la neige croûtée sur laquelle les hommes couraient d'un arbre à l'autre pour en récolter l'eau, – mais Laura pleurait...

Je le sais car, m'ayant vue m'affairer autour de ma maison, elle était venue spontanément vers moi et elle m'avait raconté ce que je viens de vous raconter.

Après avoir ainsi tout dit, elle avait eu l'air d'une petite fille penaude : « Je ne comprends pas ce qui m'est arrivé. J'étais pourtant heureuse. Tout allait bien. Mon entreprise était prospère. Chacun m'enviait. Pourquoi soudain ce désir de quelque chose de plus qui est venu bouleverser ma vie ? Voilà deux échecs, l'un à la suite de l'autre, que j'essuie. La première fois, je suis partie en jeans, et ça n'a pas marché. Cette fois, je suis partie en robe et ça n'a pas marché. Pourtant, à côtoyer des hommes saison après saison comme je le fais depuis si longtemps, il me semble que j'aurais dû savoir y faire... »

C'est alors qu'à brûle-pourpoint, sentant qu'elle n'en avait plus pour bien longtemps à séjourner dans la région, elle m'avait posé cette question directe, urgente, implorante : « Que dois-je faire pour être aimée ? »

Ses yeux s'étaient accrochés aux miens comme pour en extirper un secret et je sentis en elle une détermination farouche à ne pas me laisser aller que je ne lui aie répondu.

Il y a de cela longtemps, mais je me souviens lui avoir confié très doucement : « Laura, ce n'est pas dans le monde des hommes qu'une femme apprend à être femme. Pour être aimée, il ne s'agit pas tellement de connaître les hommes que de se connaître et de s'accepter en tant que femme... »

Laura est partie. Depuis, chaque fois que je rencontre une femme aux yeux éteints, je pense à elle, et son cri – « je veux être aimée » – et son interrogation – « que dois-je faire pour être aimée ? » – s'imposent à nouveau à mon esprit. Alors mon cœur se met à bouillonner de paroles pleines de charme et je me retrouve à répéter ma réponse...

Approfondie, précisée, étoffée avec le temps, je la confie ici à toutes les Lauras que déchire le même cri et qu'étire la même interrogation.

1

Le désir féminin

TANT que des femmes s'appelleront Rachel... Tant que des femmes s'appelleront Léa... Tant que ces noms résonneront sur cette terre, le désir féminin sera proclamé et affirmé.

Deux noms. Deux femmes.

Rachel était aimée. Léa ne l'était pas. Et voilà qu'à travers la lutte acharnée que ces femmes ont menée pour être aimées, l'histoire de notre monde occidental s'est écrite, irréversible jusqu'à ce jour. Depuis toujours, la femme est l'avenir de l'homme...

Le récit millénaire raconte : « L'Éternel vit que Léa n'était pas aimée... » – Est-il possible que Celui qui a créé la femme se soucie qu'elle soit aimée ? Cela aurait-il une importance quelconque ? – Et Léa devint enceinte. Elle enfanta un fils et dit : « L'Éternel a vu mon humiliation et maintenant mon mari m'aimera... »

Elle devint encore enceinte. Elle enfanta un fils et elle dit : « L'Éternel a entendu que je n'étais pas aimée et Il m'a aussi accordé celui-ci. »

Elle devint encore enceinte. Elle enfanta un fils et elle dit : « Pour cette fois-ci, mon mari s'attachera à moi ; car je lui ai enfanté trois fils. »

Elle devint encore enceinte. Elle enfanta un fils et elle dit : « Cette fois, je louerai l'Éternel. »

Léa avait déjà quatre fils et Rachel n'avait encore donné aucun enfant à Jacob. Torturée jusqu'au fond de ses entrailles par l'envie, dans un cri rauque comme le désespoir et qui crisse encore dans le cœur de millions de femmes, elle dit à Jacob : « Donne-moi des enfants, ou je meurs ! » Pourquoi *des* enfants ? Pourquoi mourir de ne pas en avoir ? Y aurait-il dans cette requête une autre requête plus urgente, plus essentielle, plus vitale ? Le désir féminin, c'est sûr, est complexe, ambigu, ambivalent : Quand une femme dit une chose, c'est toujours pour dire autre chose... Mais quoi ?

Et Léa devint enceinte une cinquième fois, puis une sixième fois et elle dit : « Dieu m'a fait un don ; cette fois, mon mari habitera avec moi car je lui ai enfanté six fils... »

Léa avait eu six fils et Rachel était toujours stérile. Un jour, cependant, elle devint enceinte elle aussi. Elle enfanta un fils et comblée de bonheur, elle lui donna pour nom : « Que l'Éternel m'ajoute un autre fils ! », une façon bien féminine de faire connaître à tous sa nécessité... Elle fut exaucée. Mais son accouchement fut pénible et comme elle allait expirer, car elle était mourante, elle nomma ce deuxième enfant : « Fils de ma souffrance ». – Oh ! à quelle souffrance pensait-elle à sa dernière extrémité ? À sa souffrance de mère ou à sa souffrance d'épouse partagée, d'épouse rivale, d'épouse déplacée par une ruse sordide ? Quand une femme meurt au tout premier cri de son bébé sur quoi ses pensées se portent-elles ? Sur ce petit qu'elle ne mettra jamais à son sein ou sur celui qui, s'étant reposé sur son sein, l'a rendue féconde ?

Rachel, la femme aimée, qui doutait d'être aimée et que l'anxiété avait dévorée toute sa vie, fut enterrée en chemin, car son mari était nomade.

Léa que des mots doux qui ne lui étaient pas destinés n'avaient bercée qu'une seule nuit, Léa qui n'avait bu au puits de l'amour de Jacob qu'une seule gorgée, Léa dont la honte et l'humiliation secrètes avaient à peine été soulagées chaque fois qu'elle avait nommé un de ses fils, Léa qui n'avait vécu que pour essayer de devenir la chérie de son mari, Léa qui aurait donné n'importe quoi pour être l'unique épouse de Jacob, Léa qui avait lutté comme elle le pouvait avec la seule arme qu'elle avait, sa fécondité, finit par gagner : Sur son lit de mort, Jacob, son mari, exprima sa dernière volonté à ses douze fils, dons précieux de ses deux femmes et de leurs deux servantes : « Enterrez-moi avec mes pères... là où on a enterré Abraham et Sara, sa femme, Isaac et Rébecca, sa femme et où j'ai enterré Léa... »

Épouse imposée, Léa finit par être l'épouse choisie, l'épouse unique, et selon son vœu, couché dans la poussière, son mari se reposa définitivement à côté d'elle. Le Dieu d'Abraham, d'Isaac et de Jacob est aussi Celui de Sara, de Rébecca et... de Léa...

Oui, ce Dieu qui avait donné un fils à Sara dans sa vieillesse, qui avait donné des jumeaux à Rébecca alors qu'elle était stérile, avait vu que Léa n'était pas aimée et Il avait décidé qu'il en serait autrement. Il l'avait rendue féconde et alors qu'elle devenait mère avec détermination, avec courage, avec persévérance, elle développa une personnalité et un caractère qui finirent par lui attacher le cœur de son mari qui reconnut qu'elle était sa meilleure femme, sa femme légitime, la femme dont il avait besoin, digne de figurer à ses côtés comme une mère de l'immense nation promise...

Nous voilà bien loin dans le temps... Je vous le concède, l'histoire est ancienne, elle est vieille, elle est réellement d'autrefois, mais combien fascinante pour quiconque aime à sonder la nature humaine... Car vous savez tout comme moi qu'un cœur de femme est un cœur de femme et que les modes, les usages et les coutumes n'ont sur lui aucune influence profonde.

Un cœur de femme... Quel est son désir suprême ? Quelle est sa volonté ultime ? Quel est son besoin fondamental ? – Avoir des enfants ? Être riche ? Réussir une carrière ? Se marier ? Être célèbre ? Posséder la beauté et la jeunesse ? – ou – Être aimée ? Se sentir aimée ? Posséder l'assurance qu'elle est aimée ?

J'ose dire ici que le besoin d'être aimée, de le sentir et d'en avoir la certitude, est l'essence même de la féminité.

Oui, l'unique besoin fondamental universel des femmes, c'est d'être aimées. Ni plus ni moins. Et c'est là le désir féminin.

Ce besoin d'être aimée constitue un trait permanent, indélébile et inaltérable de la psychologie des femmes.

Gravé au burin dans la pensée intime de la femme, le besoin d'être aimée forme la chaîne et la trame de toutes ses actions, de tous ses vœux, de tous ses rêves, de toutes ses ambitions, de tous ses bonheurs, de toutes ses dépressions, de toutes ses haines, de tous ses désespoirs, de toutes ses révoltes, de toutes ses folies et... par tous les gestes, tous les mots, tous les signes, toutes les manières, toutes les attitudes, toutes les allures, tous les comportements, tous les artifices, toutes les séductions, tous les raisonnements, toutes les irrationalités que la femme invente pour l'affirmer et le nier, le cacher et l'étaler, l'anéantir et le crier, ce besoin d'être aimée sculpte le désir féminin.

Savoir, sentir qu'elle n'est pas aimée constitue pour une femme une violation profonde de sa personnalité et imprime à son psychisme une anxiété mortelle. Elle vacille, embourbée dans un marécage immonde qui lui fait désirer son propre anéantissement ou la destruction des autres, selon son tempérament.

Ne pas être aimée défie la logique féminine : Au cœur de son cœur, la femme ne peut pas le comprendre, elle ne peut pas le supporter, elle ne peut pas l'accepter. La femme qui n'est pas aimée boit nuit et jour des eaux amères qui lui donnent des vertiges, des nausées, des coliques, des migraines, des insomnies, des cauchemars, des palpitations, des chaleurs, des douleurs, des convulsions, des hallucinations, des obsessions, des délires, des phobies, des hystéries, des paralysies, des dérèglements de tout son être... Le désir féminin devient alors l'expression urgente de l'aversion totale qu'une femme a de l'indifférence...

Oh ! cette clameur des femmes qui veulent être aimées, qui refusent de ne pas être aimées... Ouvrez vos cœurs et vous la verrez partout s'élever avec une obstination que le temps qui passe n'affaiblit pas. Le désir féminin, c'est exactement cela : le besoin naturel des femmes d'être aimées, besoin immense, besoin vital, besoin apprivoisé, besoin raffiné, besoin étouffé, besoin dénaturé, besoin corrompu mais besoin quand même parce que besoin absolu.

Permettez-moi de vous raconter une autre histoire. Elle est, elle aussi, très ancienne, mais quand on est entre femmes, on aime bien parler d'ailleurs et d'autrefois ; ainsi, quand la ressemblance est trop criante, on peut toujours se dire que ça ne nous concerne pas, puisque cela s'est passé il y a si longtemps... question de prendre quelque recul pour y repenser plus tard...

Cette histoire est l'histoire d'une femme dont on ne connaît pas le nom. Tout ce que l'on sait, c'est qu'elle était une concubine et c'est pourquoi on l'appelle encore aujourd'hui : la concubine... la concubine du lévite. Cette femme qui n'avait même pas les privilèges d'une seconde épouse, s'irrita contre son mari, lui fit infidélité puis elle le quitta pour retourner dans sa famille. Au bout de quatre mois, elle le vit se présenter à la porte de la maison de son père. Avec des mots flatteurs, des promesses alléchantes, des regards troublants, il sut parler à son cœur et gagnée par son apparente gentillesse, elle le fit entrer et le présenta à son père qui le reçut avec joie. Assurément, le père de la femme n'avait pas aimé cette séparation qui avait attiré la honte et le déshonneur sur sa famille et il chercha immédiatement à se montrer excessivement hospitalier en préparant une fête qui dura plusieurs jours. Pressé par son hôte anxieux d'effectuer entre sa fille et lui une réconciliation véritable, le lévite n'osait partir bien que ce fut là son unique but.

Au bout de cinq jours, le lévite réussit finalement à se dégager de l'emprise du beau-père et il se mit en route alors que la journée était déjà bien avancée. Il se dirigea vers une ville appelée Jébus, mais effrayé par les étrangers qui y séjournaient, il passa outre et continua à marcher avec son serviteur, sa concubine et ses deux ânes, et alors que le soleil se couchait, il entra dans une petite ville nommée Guibea.

Il était maintenant très tard. Se tenant sur la place publique, il espérait que quelqu'un lui offrirait l'hospitalité, mais il n'y eut personne qui les reçut dans sa maison pour qu'ils y passassent la nuit. Ils étaient tous là quand un vieillard revenant de travailler aux champs, les ayant vu, leur adressa la parole et les invita à demeurer chez lui.

Alors qu'ils étaient en train de se restaurer, des hommes vils, gens pervers de la ville, brutes débauchées, entourèrent la maison, frappèrent à la porte et dirent au vieillard : « Fais sortir l'homme qui est entré chez toi, pour que nous le connaissions. » Le maître de la maison chercha à les dissuader en invoquant les lois de l'hospitalité : « Non, mes frères, ne faites pas le mal, je vous prie, puisque cet homme est entré dans ma maison, ne commettez pas cette infamie. » Les cris se firent stridents. Les coups sur la porte se firent plus pressants. Enflammés par leurs passions violentes, enivrés par un délire aveugle – pardonnez-moi, mais nous descendons maintenant aux enfers –, ces gens ne voulurent point écouter. Et alors que le vieillard offrait à ces démons en forme humaine de leur donner sa fille vierge et la concubine, le lévite saisit sa concubine sans défense pour la jeter de force dehors, sur la place publique où ils abusèrent d'elle toute la nuit jusqu'au matin...

Nos cœurs se révulsent. Pour éviter un crime contre nature, cet homme en avait commis un autre : Sauver sa peau en sacrifiant celle à qui il avait, quelques jours auparavant, promis tendresse et amour.

Oh ! femmes de tous les temps, écoutez la complainte d'une pauvre concubine qui, après une nuit d'agressions, retourne vers la maison d'où elle a été violemment expulsée... Voyez-la tituber. Voyez-la ramper. Voyez-la s'effondrer à l'entrée de la maison où dort celui qui, à l'heure de son plus grand besoin, l'avait désertée et trahie. Voyez ses mains tendues dans un dernier appel à l'amour, faiblir et tomber sur le seuil alors qu'elle rend le souffle et expire... « Et le matin, son mari se leva, ouvrit la porte de la maison, et sortit pour continuer son chemin. Mais voici, la femme, sa concubine, était étendue à l'entrée de la maison, les mains sur le seuil. »

« Les mains sur le seuil »... Le dernier vœu, la dernière requête, la dernière supplication de cette femme avait été d'être aimée. « Les mains sur le seuil »... Le désir féminin dans ce gros plan prend une teinte tragique : La volonté des femmes à être aimées peut devenir une passion si indomptable que jusque dans leurs agonies les plus cruelles, elle dirigera encore leurs pas chancelants vers celui qui n'a pas comblé leur besoin.

Le cœur de la femme est une boussole dont l'aiguille aimantée, quelle que soit la direction de sa vie, cherche toujours à pointer vers l'amour... C'est pourquoi une femme doit reconnaître qu'être aimée est pour elle un droit et un privilège ; elle doit accepter cet état de fait avec bonheur et s'y soumettre rationnellement. Ce n'est qu'à ce moment-là qu'elle peut alors développer une intuition profonde de l'amour et dans sa détermination à être aimée, elle saura mépriser et se détourner de tous les faux-semblants. Elle saura refuser les simulacres. Elle saura dédaigner les illusions. Elle veut être aimée et mue par une opiniâtreté farouche, elle s'acharnera à acquérir la certitude qu'elle l'est effectivement, en toute circonstances et tout au long de sa vie. Pour une femme fière et consciente de son besoin d'être aimée, le désir féminin est fait de réserve, de retenue, d'exigences précises et immuables : elle ne se livrera pas indiscrètement ; elle ne s'engagera pas imprudemment ; elle demandera des garanties ; elle réclamera des promesses.

Être femme cependant, est un défi que beaucoup de femmes n'osent plus relever, car toute femme, dans son for intérieur, sait très bien ce que cela veut dire : Son besoin d'être aimée la rend vulnérable... Elle peut facilement être blessée... Elle se défend mal... Peut-on lui en vouloir si, tout comme une rose bien connue, elle refuse de l'avouer, et risque d'affirmer que quatre minuscules épines lui seront suffisantes pour se mesurer avec le tigre ?...

Le désir féminin est alors fait de caprices, de bouderies, de coquetteries, de mignardises, chaque fois qu'une femme cherche maladroitement à cacher sa faiblesse, ou de vantardises, d'effronteries et d'audaces, chaque fois qu'elle nie avec cynisme l'évidence et qu'elle se met à vivre au centre de son être, un mensonge dont elle ne sera pas l'unique victime.

Certes, avoir besoin d'être aimée, c'est être vulnérable, car avoir besoin, c'est être dépendante de qui peut ou veut ou doit combler ce besoin... Or être dépendante, c'est toujours risqué, à moins d'être protégée par quelqu'un qui a le besoin d'aimer et qui aime ! C'est ainsi que le désir féminin qui affirme le besoin des femmes d'être aimées, affirme aussi leur besoin d'être protégées. Et ce n'est qu'à ce moment que l'unique question qui doit préoccuper une femme peut être posée : Non pas « que dois-je faire pour être aimée ? » mais « comment puis-je savoir que je suis aimée ? » Quels sont les signes, quelles sont les marques, quelles sont les preuves d'un véritable amour ?

Un très vieux conseil instruit de ne pas aimer en paroles et avec la langue mais en actions et avec vérité.

Il y a ici une opposition à laquelle il faut prendre garde. Il n'y a que deux façons d'aimer : avec ses paroles ou avec ses actes et si l'on étudie bien cet enseignement, il indique clairement que ce sont les actes qui disent la vérité et jamais les paroles seules. La sagesse, la maturité, le respect de soi exigent qu'en tout temps, on sache cribler le dire du faire, le paraître de l'être... Or nous avons là le premier jalon de la vulnérabilité des femmes car, il est impossible de le taire, le désir féminin fait que les femmes sont extrêmement sensibles aux paroles et souvent insensibles aux actes. Combien de femmes succombent sans peine ou presque aux paroles flatteuses d'un inconnu, alors qu'elles résistent, parfois farouchement, aux actes de bonté et de fidélité d'un mari silencieux...

Aimer en paroles... Il n'est pas difficile d'imaginer que la concubine dont nous n'avons pas terminé l'histoire, lors de sa première rencontre avec son mari, n'avait pas eu de lui plus que ce qu'il lui avait offert la seconde fois, lorsqu'il était allé la rechercher chez son père : des paroles. Cet homme semblait habile à dire des mots et des phrases capables de séduire le cœur d'une femme avide d'être aimée... Mais pendant combien de temps une femme à qui un homme n'accorde pas le statut d'épouse légitime peut-elle se sentir aimée ? Sans engagement, sans garantie, sans sûreté, comment peut-elle se croire aimée quand un des actes les plus puissants de l'amour est d'offrir la sécurité à l'être que l'on dit aimer ?

Pour cette femme captivée qui avait vainement essayer de protester contre la situation étouffante qu'elle vivait en commettant l'adultère puis en s'enfuyant, la minute de vérité arriva quand, sans mots et sans paroles, son mari probablement désireux de se venger de sa désertion et de l'outrage qu'elle lui avait fait en lui étant infidèle, l'avait saisie et jetée brutalement sur la place publique pour satisfaire la convoitise d'hommes dont les passions infâmes avaient défiguré l'âme.

Lorsqu'une femme accepte de n'être aimée qu'en paroles, elle risque tôt ou tard d'être la victime de lâchetés et de trahisons qui la dévasteront.

Aimer avec des actes... Si nous voulions exprimer autrement le désir féminin qui est le besoin des femmes d'être aimées, nous pourrions dire qu'il est le besoin des femmes de se sentir entourées, choyées... protégées. Toute femme qui rêve d'amour, rêve de s'appuyer sur une épaule forte et large, sur un bras puissant et ferme. Le sentiment de pouvoir se reposer sur quelqu'un, de pouvoir compter sur lui, de pouvoir s'abandonner à lui en toute tranquillité d'esprit, est pour la femme, le sentiment le plus délicieux qui soit, celui qu'elle souhaite de tout son être et qui la fait soupirer et pleurer et paniquer tant qu'elle ne l'a pas connu. Pour une femme, en termes très concrets et très simples, être aimée, c'est être protégée.

Quand je pense à la concubine, il m'arrive d'imaginer ce qui serait arrivé si son mari au lieu de la jeter à ces violeurs, l'avait serrée tout contre lui et lui avait chuchoté: «Je t'aime. Tu es précieuse pour moi. Reste tout près de moi. Rien ne t'arrivera. Aie confiance en moi. Tu vas voir, personne ne te touchera. Ils auront à faire à moi. Ils ne demanderont pas leur reste...» L'histoire, une fois de plus, aurait pu être réécrite: ce viol collectif qui causa la mort de cette femme n'aurait pas eu lieu... et la suite non plus... «Le mari la mit sur un âne, et partit pour aller dans sa demeure. Arrivé chez lui, il prit un couteau, saisit sa concubine, et la coupa membre par membre en douze morceaux qu'il envoya dans tout le territoire d'Israël. Tous ceux qui virent cela dirent: Jamais rien de pareil n'est arrivé et ne s'est vu depuis que les enfants d'Israël sont montés du pays d'Égypte jusqu'à ce jour; prenez la chose à cœur, consultez-vous, et parlez!»

Le peuple en entier se réunit et décida de venger ce crime et cette infamie. Les habitants de la ville maudite ayant refusé de livrer les coupables, il s'en suivit une guerre fratricide meurtrière. Elle dura environ six mois et entraîna l'extinction presque totale d'une tribu, évitée de justesse par une machination qui permit aux survivants de faire le rapt de femmes que leurs pères avaient juré de ne pas leur donner en mariage... Ils prirent des femmes selon leur nombre parmi des danseuses qu'ils enlevèrent, puis ils partirent pour rebâtir leurs villes et y habiter.

Ce récit qui remplit d'horreur quiconque le lit avec un peu de cœur, se termine sur ces mots explicatifs: «En ce temps-là, il n'y avait point de roi en Israël. Chacun faisait ce qui lui semblait bon.» Ce n'est pas très loquace comme conclusion mais cela veut dire ce que ça veut dire:

Point de roi, point de loi. Point de loi, point de protection, ni pour les individus, ni pour la société et alors, – il est impossible de nier les faits – les premières personnes agressées, individuellement et collectivement, sont toujours les femmes.

Le besoin des femmes d'être protégées est un besoin fondamental pour leur survie. Toutes les sociétés traditionnelles ont su le reconnaître et l'ériger en droit pour elles et en devoir pour les hommes : « Le mari doit protection à sa femme[1]... » Mais voilà qu'une fois de plus, le désir féminin se complique, se défigure et devient torture. Que faire lorsqu'une femme dément son besoin d'être protégée tout en continuant à ressentir son besoin d'être aimée ? En refusant l'acte d'amour par excellence qui est de la mettre à l'abri des attaques, des mauvais traitements, des dangers physiques et moraux, n'est-elle pas en train de se condamner à un amour qui ne soit qu'un amour de paroles ?

Les slogans sont dangereux. On pourrait en réviser plusieurs et constater dans de nombreux cas la véracité du proverbe qui avertit que quiconque divise, le fait pour régner... En effet, les slogans qui égalent l'indépendance à la liberté aboutissent à isoler l'être humain de ses semblables pour pouvoir mieux le manipuler une fois que la solitude en aura fait sa proie. Simplifiés, concrétisés, ces slogans sont devenus dans l'esprit de millions d'hommes, de femmes et d'enfants, la croyance qu'être dépendant, c'était être asservi.

Si la dépendance peut être synonyme d'asservissement et soulever le spectre horrible de la contrainte, de l'oppression et de la tyrannie, la dépendance peut aussi être synonyme de solidarité. Être dépendant, alors, ce n'est plus être exploité par l'autre, mais c'est pouvoir compter sur lui. Et quoi de plus apaisant, de plus rassurant, de plus sécurisant que ce phénomène qui permet à des individus de se lier par des responsabilités et des intérêts communs ?

Affirmer que l'on a besoin de l'autre et s'engager à lui porter assistance, à ne pas lui nuire, à le respecter, à favoriser son épanouissement est un phénomène pleinement humain. C'est une preuve tangible de sociabilité, car c'est proclamer que l'on ne peut se réaliser sans l'action ou l'intervention d'une autre personne, et en être fier, heureux et satisfait. Le désir féminin devient maintenant tout ce que la femme sait faire depuis toujours pour exprimer son besoin de l'autre et susciter le souci de l'entourer, de la dorloter, de la chouchouter, de la gâter : sourires, gentillesses, câlineries, douceurs, cajoleries qui l'auréolent d'ingénuité, de candeur et de blancheur... Il devient aussi ce goût inné des femmes pour la collaboration, leur recherche constante de coopération, leur capacité de porter leur part des fardeaux et beaucoup plus, pour peu qu'elles se sentent en association.

Le besoin d'être protégée, chaque fois qu'il n'est pas comblé, se transforme chez la femme en un besoin de plus en plus exagéré de sécurité qui progressivement se manifeste par l'obsession de vouloir à tout prix tout contrôler, tout mener, tout régenter, tout dominer. L'anxiété s'installe à demeure dans le cœur de la femme et sa vie devient une immense grimace dont elle projette les stigmates sur son entourage. Malgré ses efforts pour tout contrôler, l'insécurité la gagne puis la ronge. Elle se sent à la merci des événements et la dépression, signe d'un stress chronique, transforme sa vie en une grisaille, un brouillard, un crachin qui éteignent la lumière de ses yeux et fanent son visage.

Le désir féminin, chez une femme qui vit dans l'insécurité – n'étant pas protégée, elle ne se sent pas entourée ; n'étant pas entourée, elle ne se sent pas aimée –, s'exprimera souvent par la volonté de conserver le statut quo, un immobilisme psychique profond, la peur maniaque de l'inconnu, le refus obstiné du nouveau, l'incapacité de reconnaître ses fautes, d'avouer qu'elle s'est trompée, de faire marche arrière.

C'est aussi l'insécurité qui emprisonne la femme dans la méfiance de l'autre et l'empêche de lui faire confiance, qui l'amène au refus de se livrer, à l'impossibilité de s'abandonner et à la perte de l'appétit sexuel. L'insécurité, à ce moment-là, maquillera la perte de l'appétit sexuel, couramment appelée frigidité, sous une envie insatiable, une soif irrémédiable de tendresse et d'affection, envie insatiable, soif irrémédiable parce que distinctement dissociés de l'amour physique (on veut des mots mais pas de gestes) ou encore sous un refus total de tendresse et d'affection mais une exigence démesurée du droit à l'amour physique sans discrimination aucune (on veut le corps de l'autre mais pas son cœur).

Nous voilà maintenant au bord du suicide du désir féminin, agressé par l'insécurité qui est la plaie de la vie affective de ces femmes qui en déclarant qu'elles n'avaient pas besoin d'être protégées, ont été obligées de taire leur besoin d'être aimées.

Ces femmes cherchent à se débrouiller toutes seules. Elles le proclament haut et fort en parlant d'égalité, en revendiquant l'égalité, en imposant l'égalité. On pourrait croire que l'on est enfin sorti du Moyen Âge de la condition féminine... Les droits et devoirs conjugaux ont été transmués en droits et devoirs parentaux. Les rapports directs entre l'homme et la femme mariés sont passés sous silence et leur unique définition maintenant semble être en fonction de leur rôle de parents, tous les deux devant assurer ensemble « la direction morale et matérielle de la famille[2] ». Or, il n'y a là rien de nouveau, les pères et mères ayant toujours assuré ensemble, chacun à leur manière, l'éducation morale et le bien-être matériel de leurs enfants... Au nom de l'égalité, la puissance paternelle a été limitée dans un premier temps puis transformée en autorité parentale également partagée entre le père et la mère. Mais toutes les femmes qui élèvent des enfants vous le diront: Il n'y a pas eu partage réellement, mais une obligation de plus en plus pénible pour la mère de jouer et le rôle du père et celui de la mère, le père ayant, dans les faits, non pas partagé mais délégué son pouvoir, ce qui lui a permis de poursuivre des activités qui le retiennent loin de sa famille et de justifier son manque d'implication.

La femme, une fois de plus, qu'elle l'ait vraiment voulu ou non, se trouve coincée entre elle-même et elle-même. Les aspirations féminines à l'émancipation – un euphémisme pour donner au refus de la protection masculine une urgence patriotique – ont amené le mépris de la virginité considérée comme un signe d'asservissement, la banalité des relations sexuelles présentées comme une simple forme de relations sociales, l'obligation d'une camaraderie des sexes sur le marché du travail et une identité des rôles au sein de la famille.

Dans la pratique, au jeu de l'amour la femme court le risque d'être prise pour une marchandise bon marché, de piètre qualité dont on ne doit pas trop faire cas puisque ce qu'elle offre, elle l'offre à tous; au travail, elle doit accéder à l'égalité professionnelle complète avec les hommes et alors que petite fille, elle jouait à se déguiser en « madame », adulte, elle joue à se déguiser en « monsieur »; au sein du couple, l'indifférence s'est installée... Le couple a été sacrifié au nom de « l'égalité ». Ne lui survit que la famille aux modèles diversifiés: *famille-alliance,* proche de la tradition, résultat d'un engagement à la fidélité, mais on s'empresse d'affirmer qu'elle est en recul; *famille-fusion* dirigée par l'intensité de la relation amoureuse qui, dès que son ardeur diminue, se dissout pour « refaire sa vie » ailleurs; *famille spontanée* en voie de développement... plus de rôle réservé, c'est la recherche de l'amour « en haute tension », on choisit la cohabitation, le sentiment du provisoire est le piquant des relations ; *famille monoparentale*, on décide d'être un parent seul plutôt que de souffrir la médiocrité d'une union... Mais... le leitmotiv revient insistant, obsédant, implacable : Avec toute cette égalité, la femme « paie plus cher que l'homme la rançon de son autonomie[3] ». En voulant les mêmes responsabilités que l'homme, elle se retrouve avec toutes les responsabilités et plus elle avance en âge, plus elle est *seule* définitivement.

On a imaginé une égalité des sexes... mais on a présenté une camaraderie des sexes... et on a crée un antagonisme des sexes... Ce qui était coquetterie, douce adresse à gagner un cœur, s'est transformé en impudeur. Et en suivant une mode qui la déshabille comme les esclaves et les prostituées de tous les temps, la femme prend le risque de provoquer l'homme à l'exploitation de sa personne jusqu'à la violence ou à l'indifférence...

Les femmes ont joué aux apprenties sorcières. En fondant imprudemment les nouveaux rapports de l'homme et de la femme sur leur refus d'être protégées, impatientes qu'elles ont été de toute autorité, elles ont déchaîné des événements qui ont planté dans leur être l'angoisse de l'abandon. Maintenant, les femmes ont peur d'être lâchées, mais en même temps, elles ont peur de ne pas être prises et alors qu'on semble ne plus avoir de cœur pour les aimer, elles se laissent mutiler dans leur âme et conscience, harceler et brutalement projeter sur tous les écrans et affiches d'un monde impuissant qui s'en repaît les yeux...

Et... les femmes chancellent dans la dépression : Elles ont... « les mains sur le seuil »...

Et... les femmes vacillent dans l'alcoolisme et la pharmacodépendance : Elles ont... « les mains sur le seuil »...

Et... les femmes s'effondrent dans le vagabondage sexuel et la folie : Elles ont... « les mains sur le seuil »...

Car, même avec des lueurs d'apocalypse, le désir féminin demeure. Et l'infini besoin des femmes d'être aimées en étant protégées, subsiste.

Il est des choses qui, tant que le ciel et la terre ne passeront point, ne disparaîtront pas.

2

Les rôles dans l'amour

On peut chercher aujourd'hui à effacer tous les rôles traditionnels de l'homme et de la femme ; on peut prêcher avec une ardeur juvénile l'interchangeabilité de leurs rôles et proclamer le merveilleux d'une vie où il n'y a plus de rôles réservés : tour à tour, chacun fait ce que l'autre fait et tous les deux peuvent faire la même chose... Mais déjà, on le sait, elle est exigeante la nouvelle doctrine et pénible pour tous.

La révolution sexuelle après avoir hurlé et tout bousculé maintenant grince... Elle a certainement réussi à transformer le comportement *extérieur* de l'homme et de la femme, à projeter de nouvelles images, à faire de nouvelles lois et à proclamer que cela était le progrès, mais tous ces efforts, tous ces affronts, toutes ces audaces n'ont nullement réussi à altérer la nature profonde de l'homme et de la femme. Et les sciences parlent encore et toujours de la nécessité pour chaque être humain sur cette terre, d'assumer, sous peine de névroses aux couleurs entre autres, d'impuissance ou de frigidité irrémédiables, sa virilité ou sa féminité.

Voici que se pose alors la question de fond : Qu'est-ce qu'être un homme ? Qu'est-ce qu'être une femme ? Interrogeons la nature. Rappelons-nous comment chacun de nous a été conçu. Commençons par le commencement.

Observons un spermatozoïde. Observons un ovule. On est immédiatement confronté à une sexualité intime de l'homme et de la femme radicalement différenciée.

Le spermatozoïde mûr est une cellule petite, mobile, dépourvue de réserves. Comme l'étymologie – le sens authentique – de ce mot l'indique, c'est « une semence à forme d'animal ». Il a une tête et « une queue » et son rôle est d'atteindre l'ovule et de le pénétrer.

L'ovule mûr est une grande cellule, immobile par elle-même, et plus ou moins chargée de réserves nutritives destinées à l'embryon. L'ovule a donc, au départ, un rôle femelle et un rôle maternel et dans sa structure même sont inscrits à la fois sa passivité réceptrice et son devenir nourricier.

Lorsqu'un ovule élaboré dans le secret du corps de la femme, après avoir glissé dans les trompes utérines et s'être arrêté là, est mis en présence de spermatozoïdes qui ont fait un long et périlleux voyage grâce à leur grande motilité, il va, au bout de quelques instants, être entouré d'une quantité de spermatozoïdes. Ces derniers sont de véritables guerriers dont la tête cherche à vaincre la résistance de la paroi de l'ovule. La lutte s'engage. Ils sont nombreux à vouloir le pénétrer. Cependant, après un combat opiniâtre, *un seul* gagne. Oui, l'un d'eux, un seul, s'accole à l'ovule dont la substance alors se renfle à son contact, comme s'il voulait l'attirer, en « cône d'attraction ».

Quand la tête du spermatozoïde, se détachant de sa queue (flagelle), pénètre dans l'ovule, il se forme aussitôt autour de lui une membrane pour empêcher les autres spermatozoïdes de pénétrer. Puis l'ovule dont le spermatozoïde a su vaincre la résistance, s'abandonne aussitôt à son action transformatrice. L'ovule va devenir un embryon, un fœtus, un bébé ! De la rencontre, puis de la fusion d'un spermatozoïde vainqueur et d'un ovule conquis, va naître un être humain...

Les processus d'attraction puissante qui agissent pour unir un spermatozoïde à un ovule, peuvent-ils être à l'œuvre de la même manière pour unir un individu porteur de spermatozoïdes à un individu porteur d'ovules ?

La réponse à cette question est affirmative. La forme des organes sexuels, leur structure et les conditions de leur fonctionnement se trouvent dans une relation de nature biologique comparable à celle qui unit et superpose les processus d'attraction des spermatozoïdes et des ovules.

L'organe sexuel mâle, disposé de manière à émettre les spermatozoïdes, a une fonction d'offensive, d'immixtion, de pénétration semblable à celle du spermatozoïde alors que l'organe sexuel femelle, disposé de manière à recevoir les spermatozoïdes, inversement, a une fonction de réception passive, semblable à celle de l'ovule.

La physiologie nous indique clairement que l'activité sexuelle de pénétration est proprement virile alors que l'activité sexuelle de réception est proprement féminine. Et nous sommes obligés d'accepter qu'il y a effectivement un parallélisme étroit entre la sexualité intime et la sexualité extérieure d'un individu, cette dernière n'étant qu'une répétition en gros caractères de la première.

Il y a donc une différence des sexes qui imprègne tout l'organisme d'un être vivant et qui marque, dans sa composition chimique, dans la structure intime de chacun de ses tissus, dans les nuances les plus subtiles de ses tendances instinctives et de son comportement, sa virilité ou sa féminité. « Il existe non seulement une morphologie différentielle des sexes, mais une chimie, une histochimie, une embryologie et une psychologie différentielle des sexes[1]. »

En termes courants, un homme est un homme et une femme est une femme et ils sont aussi différents l'un de l'autre qu'un spermatozoïde est différent d'un ovule, que l'organe sexuel mâle est différent de l'organe sexuel femelle, celui-ci étant composé d'un vagin et d'un utérus et l'on retrouve, dans cette structure, la même fonction double de l'ovule : à la fois femelle et maternelle.

On peut avoir inventé une mode « unisexe » en niant contre l'évidence toutes les différences anatomiques de l'homme et de la femme, la nature témoignera toujours du dimorphisme sexuel. Aucun observateur de la création ne peut taire qu'il existe pour chaque sexe une relation constante et profonde entre chacun des traits du comportement sexuel et chaque caractère foncier de la structure du spermatozoïde ou de l'ovule, de l'organe mâle ou femelle et du corps masculin ou féminin tout entier.

Un lion, ce n'est pas une lionne ! N'importe quel enfant vous le dira. Pourquoi ? Un lion a une crinière et une lionne n'en a pas ! Les hommes ont de la barbe et les femmes n'en ont pas ! Et même s'il existe des artifices tendant à effacer en apparence chez les êtres humains le dimorphisme sexuel, celui-ci reste poussé à l'extrême dans tous les détails de leur structure tant interne qu'externe.

Les cours de biologie, du primaire à l'université, enseignent qu'il y a chez l'homme et chez la femme, des caractères sexuels primaires distinctifs. Au niveau de la glande sexuelle, on a soit un testicule, soit un ovaire, et les organes qui permettent le rapprochement des sexes, sont soit un appareil pénien, soit un appareil utéro-vaginal.

Il y a aussi des caractères sexuels secondaires. Ils sont très nombreux et il n'y a pas une fonction, pas un organe, pas un tissu, pas une humeur qui ne reçoive une empreinte sexuelle féminine ou masculine. Il y a une pilosité masculine et une pilosité féminine, une taille et une forme des hanches, des seins et du squelette féminines et masculines. Il y a même un métabolisme mâle et un métabolisme femelle et les humeurs, les liquides organiques, les sécrétions et les corps chimiques de synthèse, les hormones et les produits vivants circulants seront des complexes différents selon qu'ils sont élaborés dans un corps de femme ou un corps d'homme.

Certains auteurs parlent en plus de caractères sexuels tertiaires qui manifestent la dualité des sexes au niveau de l'attitude, des mimiques, de la physionomie, du comportement en général, du comportement affectif (émotion, passion, expression) et instinctif: Les mouvements de la femme sont différents de ceux de l'homme car ils sont en partie le résultat de sa moindre énergie physique et de son souci de plaire et d'être admirée ; sa démarche est plus souple et commandée par l'ondulation des courbes de son corps ; sa mimique est plus exubérante – quel jeune garçon ne sait pas que les filles ont une manière bien à elles de rire et de se contorsionner « en petits rires bébêtes » ? –; le besoin d'être aimée l'amène à être coquette, à avoir le goût de la toilette et de la parure. La voix de l'homme est grave, celle de la femme est aiguë[2].

Et puis le sexe mâle est celui de la dépense et de la prodigalité : Tant de spermatozoïdes pour qu'un seul pénètre un seul ovule... La générosité virile est programmée. Le sexe femelle est organisé en vue de la prévoyance et de l'épargne : Un seul ovule tous les 25 à 31 jours et dans cet ovule sont accumulées les réserves nutritives destinées à la nutrition d'un nouvel être. Le sacrifice maternel est déjà prévu.

Un homme a d'innombrables spermatozoïdes guerriers, un appareil sexuel exubérant, extrêmement apparent et localisé, ainsi qu'une puissante musculature. Une femme a un nombre limité d'ovules inertes et chargés de réserves, un appareil sexuel intériorisé, extrêmement secret, complexe et étendu à l'intérieur du corps, ainsi qu'une musculature capable d'endurance mais non d'un déploiement de force brusque.

De tels phénomènes ne détermineront-ils pas obligatoirement une attitude de l'homme et de la femme à l'égard de leur propre sexualité foncièrement dissemblable mais évidemment complémentaire ? Car à quoi cela peut-il bien servir un spermatozoïde tout seul ? Et à quoi cela peut-il bien servir un ovule tout seul ?

Quand les poètes chantent les amours du ciel et de la terre, la terre faisant croître parce que le ciel a déversé sur elle des ondées rafraîchissantes et une chaleur bienfaisante ; quand ils chantent le rythme des jours et des nuits, les courses du soleil et de la lune, les interactions de l'esprit et de la matière, n'affirment-ils pas que la puissance masculine et la grâce féminine donnent à la nature sa majesté et sa beauté ?

Quand nous nous réjouissons de manger du pain parce que la charrue a labouré le champ, parce que la pluie a détrempé le sol, parce que la terre fertile a accepté le grain fécondant ; quand nos yeux brillent devant nos tables garnies des fruits des arbres parce que le vent et les bourdons ont transporté le pollen des étamines au pistil des fleurs qui l'ont reçu, ne reconnaissons-nous pas que nous vivons grâce aux œuvres du Créateur qui sont marquées par le principe masculin de la pénétration et le principe féminin de la réception ?

Quand nous déclarons roi des animaux, le lion, et que nous voyons dans l'aigle un symbole de puissance ;

quand nos cœurs battent à la vue d'une biche frémissante et qu'ils sont tranquillisés aux caquettements d'une poule qui rassemble sous ses ailes, ses poussins; quand nous admirons le fleuve majestueux se déversant dans l'océan profond... ne sommes-nous pas en train d'avouer que dans ce monde il y a des opposés et que c'est fascinant, qu'il y a des différences et que c'est indispensable? Comment tirer une flèche sans tendre l'arc? Comment ouvrir une serrure sans tourner la clé? Comment perpétuer la vie sans la collaboration étroite des deux principes les plus dissemblables qui soient: le principe masculin et le principe féminin?

Ainsi la vie, votre vie, ma vie, toutes les vies de ce monde sont le résultat de l'union intime du principe masculin et du principe féminin, l'un étant de pénétrer pour conquérir, l'autre de recevoir en s'abandonnant. Et nous avons maintenant la réponse à notre première question. De par la volonté de Dieu qui les a créés mâles et femelles, c'est-à-dire porteurs de spermatozoïdes et porteurs d'ovules, les hommes sont des êtres humains qui engendrent et les femmes sont des êtres humains qui enfantent.

Oui, les hommes engendrent: C'est là leur rôle vital, leur rôle fondamental, leur rôle distinctif, leur rôle irremplaçable, leur rôle spécifique, leur rôle fixe, leur rôle invariable, leur rôle immuable, leur rôle inaltérable, leur rôle intouchable, leur rôle constant.

Oui, les femmes enfantent: C'est là leur rôle vital, leur rôle fondamental, leur rôle distinctif, leur rôle irremplaçable, leur rôle spécifique, leur rôle fixe, leur rôle invariable, leur rôle immuable, leur rôle inaltérable, leur rôle intouchable, leur rôle constant.

Et si une femme s'écrie: «Je veux que tu sois un homme!» que fait-elle sinon rappeler le devoir universel des hommes, au risque de s'effacer, d'assumer leur virilité, c'est-à-dire d'agir en harmonie avec leurs spermatozoïdes et d'avoir dans leur psychisme les qualités de pénétration, d'initiative directe, de conquête, de combativité, de direction, de possession, d'activité, de discipline, d'aventure, d'énergie, de courage, d'endurance, de détermination, de chef, de responsable ?

Et si un homme supplie : « Sois donc femme... » que fait-il sinon rappeler le besoin universel des femmes, au risque de s'anéantir, d'assumer leur féminité, c'est-à-dire d'agir en harmonie avec leurs ovules et d'avoir dans leur psychisme les qualités de réception, d'abandon, de collaboration, d'aide, de soumission, de complicité, de compassion, d'indulgence, de stabilité, de fidélité doublées des qualités maternelles qui sont le don de soi allongé jusqu'au sacrifice du moi ?

L'initiative amoureuse

Puisque des spermatozoïdes, puisque des ovules imprègnent aux psychismes masculin et féminin des couleurs indispensables à leur épanouissement, puisque des spermatozoïdes et des ovules déterminent pour l'homme un rôle biologique de fécondation et pour la femme un rôle biologique de conception, rôles qui sont pour tous les deux persistants, ne programmeront-ils pas aussi leurs rôles quand ils se rencontreront et seront appelés à s'aimer ?

Nous avons décrit le désir féminin qui est le besoin naturel des femmes d'être aimées... Quand une femme reconnaît chez elle ce besoin, que reconnaît-elle en fait, si ce n'est qu'elle a besoin de *recevoir* de l'amour ? Mais comment pourrait-il en être autrement quand tout son être est conçu sur le principe de la réception et qu'il crie, depuis ses ovules jusqu'aux formes arrondies de son corps, son besoin d'accueillir, d'accepter, d'admettre, d'obtenir ?

Être aimée, recevoir de l'amour, voilà le rôle de la femme dans l'amour. C'est écrit dans ses gènes.

Seul un spermatozoïde peut répondre à l'attente d'un ovule, combler son désir et réaliser son devenir, parce que seul il est doué d'initiative directe, conquérante, pénétrante et définitive.

Aimer, donner de l'amour, voilà le rôle de l'homme dans l'amour. C'est écrit dans ses gènes.

Après avoir passé vingt ans au contact journalier des malades et des anormaux, un médecin a écrit que pour que la sexualité soit saine, épanouie et réconfortante, il fallait simplement « que l'homme soit toujours plus homme et la femme toujours plus femme[3] » et qu'à cette fin, on devait affirmer l'existence des « deux grandes valeurs biologiques du Masculin et du Féminin[3] ».

Alors, c'est seulement alors que les plus beaux et les plus grands poèmes d'amour peuvent commencer à s'écrire... car comme les pôles positifs et négatifs des aimants, l'homme et la femme seront irrésistiblement attirés et ils se souderont l'un à l'autre dans un acte qui permettra leur fusion et abolira leur incomplétude, leur solitude, leur antagonisme. Ils seront un.

Laura m'avait demandé ce qu'elle devait faire pour être aimée... Quand une femme désire réellement être aimée, elle n'a qu'une seule chose à faire : Attendre que quelqu'un qui veut sincèrement aimer, vienne à elle. Pensez aux ovules : Chaque mois, il y en a un qui glisse tranquillement dans une des trompes et il attend... L'ovule ne s'agite pas. L'ovule ne court pas. L'ovule ne cherche pas. L'ovule se contente d'être là. Son rôle est d'attendre.

Bien sûr, ce sont les spermatozoïdes qui courent et qui s'agitent et qui se promènent et qui cherchent et qui le font directement, sans détour, ouvertement. Les spermatozoïdes possèdent l'instinct de pénétration. Leur rôle est d'avoir l'initiative.

Oh ! Lauras de tous les coins du monde, si vous désirez être aimées, sentez-le, saisissez-le : L'initiative amoureuse n'est pas la responsabilité de la femme mais le devoir des hommes. Toute femme qui veut véritablement être aimée doit savoir, doit accepter, doit décider que ceci est une règle absolue et sans exception du véritable comportement amoureux humain.

La femme ne peut pas faire les premiers pas car elle a besoin de *recevoir* de l'amour ! Or comment croire que l'on a reçu vraiment, que l'on a reçu sincèrement, que l'on a reçu gratuitement, que l'on a reçu spontanément, quand on a dû arracher à un homme un sourire, un mot, un geste, une invitation, une promesse ?

La passivité de la femme dans le jeu de l'amour est une garantie pour elle qu'elle aura à faire à un homme viril, à un homme qui possède dans son psychisme l'instinct de combativité, l'impulsion de la possession, le réflexe de la protéger. Tant qu'un homme ne déploie pas ces qualités en abondance, il est impossible à la femme d'acquérir la certitude qu'elle est aimée.

Ainsi le rôle d'une femme dans l'amour est d'inspirer à l'homme le désir de l'aimer, de susciter dans son cœur le besoin de l'aimer... et la seule provocation qu'elle peut se permettre est celle de l'obliger à la conquérir parce que elle, elle ne bouge pas.

Un homme doit faire la cour à une femme. Il doit démontrer un amour qui conquiert le cœur, qui vainc sa résistance et qui possède son affection. L'homme doit avoir une initiative directe mais retenue – le temps de donner à la femme la possibilité de discerner son amour et de l'accepter pour s'y abandonner au moment favorable. C'est pourquoi, à l'initiative directe mais respectueuse de l'homme, la femme répond toujours d'abord par un refus indirect, détourné, dans le but inconscient, et comme subi à son insu, de capituler finalement.

En amour, la femme véritable est craintive et passive face à l'homme. Elle a tendance à l'attirer en fuyant et selon un rythme couplé de propositions suivies de refus, elle le force à se déclarer de plus en plus ouvertement, à l'apprivoiser, à l'amadouer, à lui démonter qu'il l'aime elle, et non pas une autre, qu'il n'est pas méchant, qu'il est sincère, qu'il est fidèle...

Plaire et compatir (dans le sens d'être compatible) forment la charpente dynamique du comportement féminin. Plaire pour inspirer à l'homme le désir de l'aimer et compatir pour donner à son amour un but, un programme, un script : la chérir pour elle-même, la protéger et la subjuguer. En revanche, elle le comblera de ses faveurs. Les mamans d'autrefois avaient une manière bien à elles de faire l'éducation sexuelle de leurs enfants. C'était simple, c'était concis, c'était direct. « Les gars doivent protéger les filles et les filles doivent gâter les gars. » C'était efficace. Pendant des siècles la difficile collaboration des sexes a été ainsi facilitée et leur lutte haineuse endiguée.

La pudeur joue à ce niveau un rôle crucial. En étant cette tendance à se cacher et à se dérober aux regards, elle permet à la femme de reculer et de se dissimuler sans toutefois fuir complètement. La pudeur est l'expression naturelle d'un comportement féminin propice à l'épanouissement chez l'homme du désir de l'aimer.

En effet, la pudeur est un excitant normal et de choix de la conduite sexuelle masculine car la résistance qu'elle oppose aux avances permet la transformation de l'attrait physique en tendresse et en estime, à moins que la femme ne s'y oppose par un refus catégorique ou blessant. Les femmes qui sont animées par le désir féminin se respectent, et la preuve en est leur tenue décente, selon les critères immuables de la pudeur et de la modestie. Semblables à des tours fortes, elles s'habillent, car ce qu'elles veulent, c'est être aimées et non pas convoitées.

Le renversement des rôles

Malheureusement de nombreuses femmes, lorsqu'elles découvrent leur désir d'être aimées, deviennent extrêmement impatientes. Elles veulent être aimées ! Et habituées comme Laura à diriger leur vie, elles décident de mener à bonne fin la satisfaction de ce besoin qui tout d'un coup, les dérange et les angoisse. Elles pensent que si elles ne forcent pas l'attention d'un homme, elle ne seront jamais aimées. La peur de rester seules les amène à faire des avances et sans le soupçonner, elles se lancent d'elles-mêmes sur la voie d'un renversement des rôles qui les exposera à la manipulation émotionnelle.

Elles font donc les premiers pas et se mettent immédiatement en position de faiblesse. En effet, dès qu'un homme sent ou voit qu'une femme « l'aime » alors qu'il n'a rien fait pour susciter ni mériter son amour, il ne peut résister au besoin de la dominer dans un effort pernicieux de rester en position de force. Il cherchera ainsi à faire naître en elle le trouble par des phrases ou des gestes calculés pour provoquer en elle l'incertitude : allusions à un départ imminent pour un autre pays, sous-entendus sur d'autres fréquentations possibles, mentions d'accidents graves auxquels il a échappé de justesse, plaisanteries aigres-douces sur les femmes et le mariage. Il se met à avoir une attitude détachée qui la force elle, à s'accrocher, à devenir exigeante, menaçante et qui finalement la pousse à prendre une attitude de suppliante, de mendiante : Elle lui téléphone, elle lui écrit, elle vient le voir, elle l'invite, elle lui fait des cadeaux, elle lui offre son soutien, son aide... Aberration ! Égarement ! Folie ! Elle propose... et... lui... dispose...

Après un très court temps d'euphorie car elle semble avoir obtenu ce qu'elle voulait, soit l'attention de celui sur qui elle a placé son dévolu, la femme est rapidement envahie par un immense sentiment d'anxiété. Elle sait tout ce qu'elle a fait pour forcer cette relation et elle sait combien il s'est tout simplement laissé faire... Le doute alors la ravage. Elle se demande si elle est aimée et ne trouvant pas d'évidence, elle se lance dans une lutte tragique dont le but est de forcer un homme indifférent si pas méprisant à lui manifester de l'amour !

Oh ! combien de femmes, dès qu'elles touchent à l'amour, tombent en enfer ! Minimisant leur besoin d'être aimées, elles offrent à des hommes de les aimer pensant bien qu'elles recevront quand même en retour ce que, dans le fond, elles désirent suprêmement : être aimées. Elles créent ainsi un renversement de rôles et elles deviennent les victimes des manipulations de ceux qu'elles ont enchaînés contre leur choix intime ou avant qu'ils n'aient eu la fierté de le poser librement.

Oui, dès qu'il y a renversement des rôles entre un homme et une femme, il y a aussi manipulation émotionnelle. Bientôt la femme se voit piégée dans une relation dont elle se sent, elle, responsable, alors que l'homme se pense en droit d'en profiter puisque ce n'est pas lui qui l'a voulue. La femme devient beaucoup trop accommodante, elle tait ses besoins véritables et accepte souvent sans dire mot, les pires humiliations, alors que lui poussera toujours plus loin son mépris, ses abus et sa colère par des bouderies, des menaces, du chantage et des tentatives d'abandon. Elle ne peut pas faire autrement que de développer très rapidement un stress profond[4] engendré par le sentiment désespérant pour une femme de ne pas être choisie, désirée, voulue, – aimée.

Le renversement des rôles est parfois difficile à discerner dans une société qui a été secouée par la révolution sexuelle. Voulant provoquer entre l'homme et la femme une identité, une similitude de leurs rôles, cette nouvelle doctrine a largement utilisé comme moyen efficace, l'impudeur dans le vêtement, les manières et le langage. Au nom de l'égalité, elle a permis à la femme d'être agressive face à l'homme et de jouer de plus en plus le rôle de celle qui accroche. Mais s'il peut sembler agréable à une femme de prendre l'initiative d'une relation amoureuse, elle ne doit pas oublier qu'elle ne peut poser ce geste qu'au risque de voir l'homme fuir son initiative, ce qui sera malheureux pour elle, ou d'y succomber, ce qui sera fatal pour lui. En réalité, on ne peut comprendre l'ampleur que cause à l'amour le renversement des rôles, que dans la mesure où l'on se penche sur un phénomène anti-amour absolu : la prostitution.

Un ancien manuscrit décrit la prostituée comme une étrangère qui emploie des paroles doucereuses et celui qui la fréquente, comme un stupide dépourvu de sens. Elle ne cache pas son état car elle a « la mise d'une prostituée ». Elle est bruyante et rétive. Ses pieds ne restent pas dans sa maison. Tantôt dans la rue, tantôt sur les places, près de tous les angles, elle est aux aguets. Et quand un de ces stupides s'étant dirigé lentement du côté de sa demeure, se trouve près d'elle, elle l'aborde, elle le saisit, elle l'embrasse et elle lui déclare d'un air effronté : « Je suis sortie au-devant de toi pour te chercher et je t'ai trouvé. Viens... » Elle le séduit à force de paroles, elle l'entraîne par ses lèvres mielleuses. Et, chose étrange, chose qui souille la terre, qui la fait trembler, qui l'amène à vomir ses habitants... tout d'un coup... *il* se met à la suivre « *comme le bœuf* qui va à la boucherie, comme un fou qu'on lie pour le châtier, jusqu'à ce qu'une flèche lui perce le foie, comme l'oiseau qui se précipite dans le filet, sans savoir que c'est au prix de sa vie ».

« Comme le bœuf... » La médecine a décrit la déchéance que la castration impose aux mâles. Le coq castré, par exemple, perd son aptitude érotique, son ardeur combative et son chant: Il devient un animal doux, tranquille, lent. Il n'a plus la fière allure du coq ni sa démarche prétentieuse. Il ne cherche jamais à se rapprocher des femelles et il n'exécute pas le réflexe préliminaire de l'aile qui est caractéristique chez le coq. Le chapon se montre capable de remplacer la poule dans la conduite des poussins, capable de les nourrir, capable de les défendre. Il est ignoré par les mâles batailleurs qui ne lui livrent pas combat. C'est « un véritable neutre ».

Le taureau castré devient un bœuf, un animal de trait dompté, docile, impassible, assimilé aux vaches avec lesquelles il pâture et rumine sans les déranger le moindrement. Plus de fougue, plus de puissance, plus de véhémence, plus d'ardeur, plus d'emballement, plus de reproduction. Exploité, utilisé, asservi le bœuf ne suscite plus l'admiration, l'enthousiasme et la joie de vivre.

L'homme castré devient un eunuque « apathique, sans énergie volontaire, sans personnalité forte ou tranchée. Son intelligence peut être développée mais sans épanouissement et comme entravée, plus intensément influencée par les mobiles affectifs. Son caractère est fuyant, sournois, volontiers ombrageux et irritable, à base d'un sentiment profond d'infériorité qui le rend jaloux des autres – autant des hommes qu'il envie, que des femmes auxquelles il en veut de ne pouvoir les dominer instinctivement. (...) Il paraît prédisposé aux troubles psychiques ou tout au moins à la névrose[5]. »

L'homme qui suit une femme prostituée est comme un bœuf qui va à la boucherie : castré et condamné à mort. Pensant se viriliser, il devient un eunuque. L'image est sans ménagement mais sa franchise est calculée pour nous déclarer carrément les dangers d'une sexualité aux rôles renversés. Comment une femme peut-elle offrir d'aimer ? Comment un homme peut-il chercher à être aimé ? C'est contre nature ! C'est impossible ! Ça mène « au neutre » ! Ça mène à l'anéantissement !

C'est ainsi que pour l'homme viril, la femme impudique dans sa tenue, ses manières ou son langage est répulsive car elle ne provoque chez lui qu'une excitation purement animale, dépouillée de tendresse. Elle l'empêche de ressentir à son égard la moindre estime amoureuse et il ne peut se défendre contre elle qu'en devenant indifférent à sa personne et en la méprisant. S'il succombe à ses avances, son orgueil est blessé. Il n'a rien eu à conquérir. Il n'a pas eu à initier l'amour et sa satisfaction strictement animale ne lui a demandé aucun courage, aucune force, aucune hardiesse, aucune noblesse, aucune vigueur. Il sent qu'il a été dévirilisé et peu à peu, il se met à nourrir à l'égard du sexe opposé une haine à la mesure de sa colère. On ne dédaigne pas impunément la virilité d'un homme.

La relation d'amour

Quand l'impudeur est devenue un style de vie, une mode, une manière d'être et qu'elle s'étale partout, dans tout, sur tout, la projection insistante et obsédante du renversement des rôles qu'elle impose, fait basculer la société dans le supplice de l'impuissance et de la frigidité.

L'imagerie moderne cherche avec obstination à dédoubler la personnalité de l'homme et de la femme, à leur faire perdre l'unité de leur personnalité psychique. On demande à l'homme d'être passif et malléable en amour, d'être docile et soumis face à la femme, alors que l'on exige de plus en plus de lui des qualités viriles de force, de courage et d'action dans le travail, les affaires et la politique. On veut que la femme soit dure, implacable et sans émotions pour pouvoir assumer dans ses nouvelles activités quotidiennes des fonctions où avoir de tels attributs est obligatoire ; mais on la boude parce qu'elle n'arrive pas à connaître les vibrations profondes de l'apogée dans ses relations intimes avec son conjoint.

On programme l'homme et la femme à être pendant le jour, sur le marché du travail et au sein de leur couple, exactement le contraire de ce qu'ils doivent être l'un et l'autre pour jouir d'une relation intime satisfaisante.

Et c'est ainsi que l'homme et la femme modernes n'arrivent plus à poser les gestes millénaires de l'amour : l'homme prenant avec fierté femme et la femme s'abandonnant avec délice à l'homme.

Les manuels de sexualité se multiplient. On présente techniques, tactiques, positions et alternatives nouvelles et anciennes. On libéralise le comportement humain. On permet n'importe quoi et l'on vide de tout blâme les perversions sexuelles. Mais on passe sous silence que ces formes d'expression de l'impulsion sexuelle font souffrir l'individu et très souvent menace la société parce qu'elles annihilent le rôle de l'homme qui est d'aimer, de donner, d'initier, de pénétrer et le rôle de la femme qui est d'être aimée, de recevoir, de s'abandonner.

Pour un nombre incalculable de couples, les rapports intimes sont devenus une parodie, une frustration. Des quantités de femmes arrivent à refuser la pénétration, à l'éviter le plus longtemps possible ou même complètement. L'homme, face à ce refus, est réduit à caresser sa conjointe. Or réduire les relations sexuelles à un échange de sensations aussi savantes, compliquées et prolongées soient-elles, c'est forcer l'homme à céder le contrôle des rapports sexuels à la femme et c'est amener la femme à ne pas s'abandonner à son conjoint. L'homme et la femme qui prennent l'habitude de pratiquer des formes de rapports qui nient la raison d'être même de la sexualité sont mutilés : l'homme parce qu'il ne peut exercer sa virilité, la femme parce qu'elle n'expérimente pas la joie de l'abandon.

Le couple se met bientôt à vivre une insatisfaction profonde l'un avec l'autre et les mesquineries, les querelles et les déchirements ne sont pas loin. Le mari va chercher à se défendre contre des habitudes qui portent atteinte à sa virilité – il souffre de l'« acte bref » qui est la rançon des abonnés du matériel pornographique toujours outrageusement impudique et des adeptes du plaisir solitaire. Quand un homme apprend à jouir de lui-même à l'aide de fantasmes qui le rendent hostile à la réalité et qui le précipitent dans le gouffre de son imagination perverse et tyrannique, il se fige avec ses propres mains et son propre esprit dans *la haine la plus pure qui soit : la négation de son besoin de l'autre.* Ces activités provoquent en lui une insatisfaction anxieuse et lui imposent l'inquiétude de plus en plus obsédante de l'inassouvissement. Il voit, il sent qu'il y a toujours – les photos le crient et sa raison déséquilibrée ne manque pas d'y croire – plus grand, plus beau, plus gros, plus extraordinaire que ce qu'il est, ce qu'il a ou ce qu'il ressent. Et parce que l'assouvissement en soi-même du besoin d'amour est une impossibilité, ces pratiques provoquent chez l'homme une castration psychique.

L'homme se met à ressentir une forte timidité non seulement avec les femmes mais avec tout le monde, hanté qu'il est du sentiment de sa déchéance et de son infériorité virile. La masturbation prive l'homme de l'esprit de conquête et d'initiative qui donne aux mâles le sentiment intime et spontané de leur valeur. N'ayant pas pu développer un esprit d'émulation saine et le goût nécessaire de l'accomplissement, l'homme n'arrive plus à maintenir une érection suffisamment longtemps pour permettre à sa conjointe de jouir vaginalement. Devant ces échecs répétés, la femme se met à exiger souvent péremptoirement des satisfactions de remplacement : L'homme se rabat sur l'excitation clitoridienne facile à obtenir et qui ne lui demande aucune virilité. Il provoque ainsi chez sa compagne une forme de volupté souvent insignifiante qui la laisse généralement nauséeuse et avec un vif ressentiment de sa vanité égoïste et brutale. Elle assimile ce geste à une forme de viol qui lui arrache ce qu'elle aurait voulu pouvoir donner... L'excitation clitoridienne se fait pour la femme à l'extérieur de son corps et elle inhibe son instinct de réception vaginale. Elle augmente ainsi la frigidité et freine puissamment toutes les impulsions normales de la femme vers le don d'elle-même, impulsions qui doivent venir du plus profond de son être pour l'envahir totalement.

L'activité sexuelle humaine n'est satisfaisante et ennoblissante que lorsqu'elle permet à l'homme une victoire satisfaisante et à la femme une défaite heureuse. En effet, le bonheur inexprimable d'un homme véritable est de pouvoir amener sa femme au paroxysme. Dans cet acte intime, sa joie, son contentement, il les retire d'avoir réussi à provoquer chez celle qu'il aime, après qu'elle lui aura résisté un temps, l'abandon et le don total de sa personne, ce qui est l'expression ultimement féminine de l'amour véritable.

À cette fin, avant sa satisfaction à lui, l'homme doit désirer la satisfaction de sa conjointe. Il doit pouvoir lui exprimer par des mots et des gestes sa tendresse et son altruisme sincère. En amour, la femme dépend étroitement de la bonne volonté de l'homme et ce n'est que lorsqu'elle ressent que tout son être est tendu pour lui procurer le bonheur, qu'elle abdique, qu'elle se soumet, qu'elle se donne, qu'elle s'abandonne, qu'elle accepte avec satisfaction sa défaite.

Son être entier est alors submergé de vagues de ravissement. Sa reddition donne à l'homme sa victoire, car la victoire de l'homme, d'autant plus source de fierté légitime qu'elle lui aura demandé plus de patience, d'abnégation, de force et de courage, est non son orgasme à lui mais celui de sa femme.

Ayant senti sa vulnérabilité et contemplé son entière confiance en lui, l'homme ému jusqu'au plus profond de lui-même, s'attache alors à sa femme et il développe envers elle des sentiments émouvants de tendresse, des souhaits de protection, un amour exclusif, fort, puissant, proprement viril.

La femme qui a perverti son instinct de réception vaginale par la masturbation et qui a anesthésié dans son psychisme, par un comportement agressif et provocateur, son aspiration à être pénétrée, aura tendance à se refuser partiellement et même totalement à l'homme qui possède l'instinct viril de pénétration. Dans leurs rapports intimes, celui-ci sera assez rapidement poussé à l'exploiter avec rudesse et à ne rechercher à travers ces rapports humiliants pour lui, que sa satisfaction personnelle, satisfaction toute mécanique qui débouchera immédiatement sur une somme énorme de frustration intense et de remords. Alors que la femme dans la relation intime, dépend de la bonne volonté de l'homme et plus encore après que pendant, l'homme, lui, dépend de la collaboration étroite de la femme, de sa complicité et de son indulgence affectueuse.

Si l'homme et la femme ne retrouvent pas leur rôle d'homme et de femme au sein de leur couple, ils verront la jouissance qu'ils recherchent tous les deux de plus en plus directement à travers des formes de rapports de plus en plus provocants et pervers, se transformer mystérieusement en impossibilité. Tous les deux développent peu à peu une impression de déchéance : L'homme parce qu'il est dans sa nature psychique même de ressentir toute incomplétude sexuelle comme coupable – la femme parce que hantée par le besoin d'un amour total et le besoin intense d'être chérie exclusivement, se voit progressivement envahie par l'inquiétude chronique d'être abandonnée à sa faiblesse et à sa soif de tendresse.

La joie de vivre ne peut habiter l'homme et la femme que lorsqu'ils sont parvenus ensemble, à travers de saines relations sexuelles, à *l'union sexuelle*, union qui permet à l'homme de jouir de la possession totale de la femme – elle lui appartient, elle est sienne car c'est lui qui l'a amenée à vibrer et la satisfaction qu'il en retire fait naître en lui l'émotion tendre –; union qui permet à la femme de parvenir enfin à assouvir son désir d'identification à la puissance masculine ainsi que son besoin d'être aimée sans restriction, au zénith même de son être.

Impossible de le nier : En amour, les rôles sont indispensables et répétons-le, absolument fixes. Accepter de jouer son rôle, c'est aimer. Nier son rôle et le refuser, c'est haïr et soi-même et l'autre. Ces rôles sont simples, mais pour bien les jouer l'homme et la femme doivent cesser d'ignorer la dynamique de leurs spermatozoïdes et de leurs ovules.

L'homme comprendra alors qu'être viril, c'est être *capable d'aimer*. L'envie chez l'homme d'être aimé, souvent déguisé sous l'obligation d'être pris en charge en prétextant une timidité maladive, une infirmité quelconque, la malchance, l'adversité et puis quoi encore ? est de l'infantilisme affectif généralement causé par la colère[6]. Un homme véritable est toujours l'initiateur de sa relation d'amour et il doit accepter par le fait même qu'il est aussi responsable de sa réussite ou de son échec. Ce n'est qu'ainsi qu'il arrivera à combler son besoin le plus profond, – celui qu'il cache chaque fois qu'il se laisse absorber par la recherche des honneurs, la concurrence et la passion de l'argent –, le besoin d'une stabilité affective basée sur l'attachement tendre.

La femme acceptera finalement qu'être féminine, c'est être *capable d'être aimée*. L'envie d'aimer un homme, lorsqu'il agite le cœur d'une femme, est le signe d'une piètre estime de soi. C'est un moyen détourné, pernicieux et voué à l'échec de combler son besoin d'être aimée. Elle croit qu'en aimant... elle sera aimée ! Hélas ! L'homme qui accepte de se faire aimer par une femme, le fait toujours parce que manquant de virilité, il n'a qu'une très faible capacité d'aimer. Il est centré sur lui-même, préoccupé qu'il est de jouir de lui-même et satisfait d'absorber « une âcre volupté » montant de lui-même vers lui-même... À côté d'un tel homme, une femme ne peut jamais être comblée. Elle est condamnée à vivre en permanence le cauchemar de celles qui, piégées dans un renversement de rôles, chercheront un jour à s'en sortir, en se lamentant d'avoir « trop » aimé...

Être aimée... pourquoi ?

L'observation de la nature et l'observation du cœur humain ne peuvent mentir. En amour, les rôles sont fixes : L'homme doit aimer parce que la femme doit être aimée. L'homme doit donner parce que la femme doit recevoir.

Être aimée, pourquoi ? Recevoir, pourquoi ? Penchons-nous encore une fois sur l'ovule, l'ovule cellule immobile, incapable de se mouvoir par elle-même, attendant de rencontrer un spermatozoïde, cellule mobile, afin de se fusionner avec lui. Le spermatozoïde « privilégié » – on le voit bien les éléments mâles proposent et l'élément femelle dispose – devient le spermatozoïde fécondant. Après être resté une demi-heure accolé à la membrane de l'ovule, il y pénètre triomphalement – tous ses rivaux ont été écartés – et immédiatement, il se met à l'œuvre. Il se gonfle et envahit totalement l'ovule tout en le modifiant complètement. À peine trente heures après leur rencontre, l'ovule qui était jusque-là à l'état d'inertie, se réveille. Et voilà, parce qu'il a reçu un spermatozoïde, l'ovule se divise, s'organise, émigre vers l'utérus et si rien n'arrête sa course à la vie, il va permettre la formation d'un nouvel être vivant.

L'ovule qui se laisse pénétrer par un spermatozoïde est donc transformé. Il devient rapidement un embryon, un fœtus, un bébé. L'ovule joue ainsi deux rôles : Un rôle femelle de réception intense qui bouscule toute son identité et un rôle maternel de nutrition qui se prolongera dans le temps et deviendra permanent.

Plongez vos regards dans un ovule. Vous pourrez y admirer le véritable visage de la femme, collaboratrice de l'homme en vue de la perpétuation de la vie. Et vous comprendrez pourquoi le désir féminin planté au milieu du cœur de toute femme proclame si fort son besoin intense, puissant et total d'être aimée...

Oui, si la femme a tant besoin d'être aimée c'est parce qu'elle doit, elle aussi, aimer. Si elle a tant besoin de recevoir, c'est parce qu'elle a tant à donner... Or comment aimer quand on n'est pas aimée ? Que donner quand on n'a pas reçu ? Concevoir un enfant, porter un enfant, mettre au monde un enfant, nourrir un enfant, protéger un enfant, éduquer un enfant est une mission périlleuse, un privilège proprement féminin, mais que la femme ne peut poursuivre sans défaillance que si elle est abondamment aimée. C'est ce que veulent dire les textes sacrés du christianisme si respectueux de la femme et de l'enfant, quand ils ordonnent aux hommes d'aimer leurs femmes et d'avoir de la sagesse dans leurs rapports avec elles, tout en déclarant qu'ils obéiront à ce commandement dans la mesure où ils reconnaissent que les femmes sont des « vases » plus faibles, plus délicats, plus fragiles qu'eux, « vases » qu'ils doivent remplir d'amour parce qu'ils portent leurs enfants. En effet, un homme ne peut sincèrement aimer une femme et la respecter que s'il voit en elle non seulement une compagne mais aussi la mère de ses enfants.

Les hommes engendrent... mais les femmes enfantent... et la vie doit être enfant de l'amour, car là où l'amour ne règne pas, la vie, malgré toute sa bonne volonté s'étiole, l'enfant grimace et la femme est bientôt envahie par une haine jalouse de l'homme. Elle redoute le poids qu'elle a à porter toute seule. L'enfant devient un fardeau trop lourd pour son cœur à vide. Elle se sent devenir une mauvaise mère, incapable de donner l'amour qu'elle ne reçoit pas. Son ressentiment la pousse alors à refuser à l'homme une place dans son existence – ne pouvant obtenir ce qu'elle veut, elle déclare ne plus en vouloir –, à s'opposer à son autorité, à mépriser sa position de chef de famille. Trop souvent cependant, la femme payera ce refus, cette opposition, ce mépris, de sa propre joie de vivre et de celle de ses enfants...

L'amour maternel ne perdure et ne reste authentique que dans la mesure où il est constamment nourri par l'amour conjugal. C'est par amour pour l'enfant que la femme doit revendiquer le désir féminin. C'est quand elle est aimée de l'homme, c'est parce qu'elle est aimée de l'homme que la femme peut aimer sincèrement l'enfant et non seulement le tout petit enfant, mais aussi l'enfant qui grandit, l'enfant qui s'éloigne, l'enfant qui devient adulte et se tourne vers un autre individu qu'elle pour l'aimer et le chérir. Plus une femme sera aimée et se sentira aimée, plus son amour pour son enfant sera profond, constant, gratuit, capable d'aller jusqu'au sacrifice total de ses aspirations à le garder tout entier à elle.

Une femme qui crie qu'elle veut être aimée d'un homme, crie en même temps qu'elle veut pouvoir aimer ses enfants. Et c'est légitime ! L'accomplissement de son besoin d'être aimée est la garantie de l'accomplissement du besoin de son enfant d'être aimé.

Il est donc impossible pour une femme de vivre un renversement des rôles avec son mari sans que cela n'affecte outrageusement ses enfants, car chaque fois qu'elle a à aimer un homme qui exige d'être aimé, elle ne peut repousser l'envie d'être aimée par ses enfants qu'elle doit aimer.

Mais cela aussi est contre nature. Comment un enfant – dépendant, vulnérable, incapable de subvenir à ses propres besoins –, peut-il donner de l'amour à celle qui l'a enfanté ? Le renversement des rôles entre la mère et ses enfants, conséquence directe du renversement des rôles entre l'homme et sa femme, est terriblement destructeur de la personnalité humaine. Il entraine obligatoirement la colère et la dépression chez quiconque en est victime et il limite fortement l'accès à la maturité et à l'indépendance affective.

L'enfant doit être aimé. Il doit recevoir de l'amour car il est appelé à grandir, à devenir autonome et à placer l'amour reçu sur une autre personne que sa mère. Le but de la vie d'un enfant n'est pas de vivre avec sa mère mais de se couper d'elle afin de s'attacher à une autre personne. Comment la vie peut-elle continuer autrement ?

Dans l'amour, tout comme l'ovule, tout comme son appareil sexuel, la femme n'a donc pas un seul rôle mais deux rôles à jouer : Le premier étant d'être aimée de son mari afin que, séparée de lui au départ, elle puisse devenir une avec lui ; le deuxième étant d'aimer chacun de ses enfants afin, qu'une avec eux au départ, ils puissent tous se séparer d'elle...

Chacun de ces rôles est pleinement féminin, totalement dépendant du bon vouloir de l'homme pour sa pleine réussite et parfaitement valorisant pour une femme qui les vit avec sérieux.

Nous pouvons maintenant voir que pour imposer à notre société l'effacement des rôles traditionnels de l'homme et de la femme, on a utilisé deux armes : le mépris du rôle maternel de la femme – plus on parle « d'égalité » aujourd'hui, plus la fonction maternelle de la femme est dédaignée, passée sous silence au point qu'elle en ait presque honte et qu'elle soit obligée de la vivre clandestinement ou d'y renoncer – et le mépris du rôle exclusif à l'homme d'initier l'amour et donc d'en être *responsable* jusqu'au bout.

On raconte maintenant aux femmes qu'elles peuvent être heureuses sans enfant. Pourtant ce n'est que dans la mesure où une femme est fière et jalouse de son rôle maternel qu'elle saura être avisée, sage et exigeante en amour ! Une femme qui veut des enfants pour les aimer vraiment, voudra aussi pour eux un père qui soit un véritable homme, un homme responsable, un homme qui saura la protéger quand sa fonction maternelle l'aura rendue vulnérable et dépendante de sa bonté, de sa générosité et de son enthousiasme...

Comment une femme qui n'est pas aimée – protégée, entourée, chérie – d'un homme, pourra-t-elle aimer l'enfant qu'il lui a donné... et comment un enfant qui n'est pas aimé – protégé, entouré, chéri – de sa mère, aimera-t-il la vie ?

L'homme et la femme d'aujourd'hui ont été projetés dans un renversement de rôles qui est l'antithèse même de la vie. L'identité des rôles en amour est un mensonge. Dans le cercle étroit du couple, chacun doit jouer noblement son rôle, ou chacun essayera vilement de jouer celui de l'autre. Le renversement des rôles, obligatoire dès que la femme étouffe le désir féminin, est pourvoyeur de mort.

Il prive l'homme du devoir d'aimer et il prive l'enfant du droit d'être aimé, et au cœur de cette chaîne soudain maudite, se trouve la femme, maillon brisé, privée et du privilège d'être aimée et du privilège d'aimer.

C'est pourquoi maintenant, sur les places publiques d'un monde pétri de haine, aux prises à des violences inouïes, non seulement les femmes mais aussi les enfants hurlant à l'amour de leurs parents, ont... « les mains sur le seuil »...

3

Les priorités de l'amour

L'AMOUR est un besoin. L'amour, c'est le besoin de l'autre. Aimer, c'est avoir besoin des autres, besoin des autres parce qu'on a besoin de les aimer et besoin des autres parce qu'on a besoin d'être aimés par eux. L'amour est la première priorité de la vie.

Le modèle de l'amour, c'est l'amour de Dieu le Créateur. L'Auteur de la vie est amour. La preuve en est sur chaque bouton de fleur et sur chaque brin d'herbe. Chaque oiseau qui fend l'air de son vol rapide en chantant ses notes joyeuses, chaque fleur qui exhale son parfum, chaque arbre qui projette son ombre rafraîchissante témoignent de l'amour du tendre Père qui est aux Cieux et dont le seul souci est de faire le bonheur de Ses enfants sur la terre. Prenez-en conscience : Chaque matin, Il fait lever Son soleil sur les méchants et sur les bons. Régulièrement, Il fait pleuvoir sur les justes et les injustes. Quotidiennement, Il donne du pain à ceux qui Le remercient et à ceux qui ne Le remercient pas. Pour l'intelligence, c'est l'évidence même : L'amour de Dieu est inconditionnel.

L'homme et la femme façonnés à l'image de Dieu sont appelés à s'aimer comme ils sont aimés de leur Créateur : inconditionnellement, ce qui veut dire avec fidélité et avec désintéressement. L'amour n'est pas un coup du hasard. Il ne vient pas par chance. L'amour est de Dieu. Pour le recevoir, ne serait-ce que par un soupir, il faut le demander.

Les commandements de l'amour sont : « Tu aimeras ton Dieu » : de tout ton cœur, de toute ton âme, de toute ta force, de toute ta pensée. Et « tu aimeras ton prochain » : comme toi-même car il a les mêmes besoins que toi. Qui aime n'est jamais seul. La première priorité de l'amour, c'est *l'autre.*

Sans « l'autre », la vie est impossible... Sans « l'autre », l'amour est impossible... La vie et l'amour sont toujours le résultat de l'interaction de deux individus posant deux gestes différents et opposés. Don gratuit et acceptation libre sont les deux pôles de l'amour. Aimer, c'est donner *et* recevoir. Ce n'est jamais prendre...

Quand l'amour cherche à prendre, il est un masque pour la haine car l'amour qui prend est un amour qui méprise la personne aimée en la forçant à donner alors qu'elle devrait recevoir ou à recevoir alors qu'elle devrait donner... Cet amour-là est conditionnel : L'autre n'est aimé que dans la mesure où il se plie à ces exigences perverses et seulement tant qu'il s'y plie... L'amour qui prend finit toujours par être infidèle – prendre est un vice qui, dès qu'il n'y a plus rien à ravir quelque part, pousse sa victime vers une nouvelle proie – et toujours, il n'est qu'égoïsme pur – qu'est-ce que prendre, sinon ramener la main à soi, pour soi ?

Aussi différents qu'ils soient, les rôles et les gestes de l'amour sont parfaitement complémentaires, absolument indispensables, mais... miracle ! pour ceux qui les vivent et les posent, ils entraînent obligatoirement des priorités *identiques*: Donner et recevoir, c'est tendre *ensemble* la main vers *l'autre* et donc *ensemble*, faire de *l'autre*, le centre de son amour et la source de son bonheur.

Nous avons ici la recette infaillible pour la réalisation d'un amour inconditionnel. Qu'un homme et qu'une femme jouent chacun leur rôle d'homme et de femme et qu'ils aient tous les deux les mêmes priorités et les voilà prêts à s'engager, prêts à sceller leur amour par une alliance solennelle et des vœux sacrés. Ils peuvent se marier ! Leur union résistera à l'épreuve des années, de l'adversité et de la maladie. Ils sauront s'honorer, se chérir et rester fidèles parce que leurs priorités *identiques* les garderont l'un et l'autre au cœur même des affections, des préoccupations et du temps de l'un et de l'autre.

Nous avons besoin, avant de pousser plus loin notre étude, d'une définition importante : Qu'est-ce qu'une priorité ? Une priorité, nous dit le dictionnaire, c'est ce qui en tout temps vient ou passe en premier ; une priorité a la primauté et c'est pourquoi elle a force d'autorité suprême dans une vie. En fait, ce sont les priorités qui, concrètement, donnent à une existence sa direction en influençant radicalement ses options, ses choix, ses décisions.

La vie est courte et le temps passe vite. Il est illusoire de croire encore que l'on pourra accomplir tout ce que le monde nous demande de faire. Tiraillé entre la tyrannie de l'urgent et l'urgence de l'important, il faut, un jour, choisir. Il faut avoir la maturité de regarder la réalité en face : Nul ne peut servir deux maîtres. Car, ou il haïra l'un, et aimera l'autre ; ou, il s'attachera à l'un, et méprisera l'autre... C'est irréductible. Quels sont donc ces deux maîtres que personne, mais absolument personne ne peut servir en même temps ? Quels sont ces deux maîtres qui se disputent nos affections en suscitant chacun pour l'autre un antagonisme absolu ? Toute femme mariée à un homme marié à l'ambition le sait : Vous ne pouvez servir Dieu et l'argent. Et à cette parole, il n'y a aucune exception. Aucune dérogation. JAMAIS.

Servir l'argent, c'est haïr Dieu et son prochain. S'attacher à l'argent, c'est mépriser Dieu et son prochain. Il n'y a pas de demi-mesure, car servir l'argent, c'est prendre, et à ce geste, il n'y a aucune limite, alors que servir Dieu, c'est donner, et à ce geste non plus, il n'y a aucune limite. Or, entre prendre et donner, il y a un abîme infranchissable, comme entre la haine et l'amour, comme entre l'exploitation des autres et le don de soi...

Le cœur humain étant ce qu'il est, il ne fait le bien que si, chaque matin, s'inclinant devant l'Auteur de la vie, il choisit de L'aimer et d'aimer son prochain. Pour haïr, il n'est pas nécessaire de décider de haïr... il faut seulement refuser d'aimer... Voilà pourquoi, il est impossible d'aimer, impossible de bien aimer, impossible d'aimer vraiment tant et aussi longtemps que l'autre (et non le moi) ne devient la première priorité de la vie, et cela à la suite d'un choix libre, volontaire, conscient, résolu, énergique, opiniâtre.

Vous le savez bien... Quand on parle de priorités, le désir féminin devient immédiatement cette aspiration des femmes à se consacrer corps et âme aux leurs, à vivre d'amour et d'eau fraîche, à avoir une chaumière et un cœur, à aller au bout du monde tant que c'est au bras de celui qui leur a promis de les aimer. Pourquoi ? La motivation de la vie d'une vraie femme, c'est l'amour, et aussi longtemps qu'une femme croit à l'amour, elle tourne résolument le dos à l'argent, aux richesses, aux honneurs, à la gloire et à tout ce qui les promettent et les procurent. La femme veut être aimée et elle sait que l'amour ne se trouve pas du côté de l'argent.

Il y a, de plus, un autre problème. Si nul ne peut servir deux maîtres, nul non plus ne peut allonger d'une seule minute une seule journée. Pour tout le monde, à chaque jour suffit sa peine... Le temps dévoré par l'argent grignote hardiment l'amour et bientôt, très vite, la solitude devient la prison de la haine... Ce n'est pas d'hier que l'amour meurt, faute de temps... Pourquoi encore chercher à nier cette réalité : Qui mise sur l'amour ne peut courtiser l'argent, si ce n'est au risque certain et inévitable de se déchirer le cœur et de se retrouver... « les mains sur le seuil »...

Mon esprit frémit. Je ne peux le retenir plus longtemps. Il faut le dire : La première priorité d'une femme aimée, c'est son mari qui l'aime. La deuxième priorité d'une femme aimée, ce sont ses enfants qu'elle aime. La troisième priorité d'une femme aimée, c'est sa maison qui est le nid de son amour. La quatrième priorité d'une femme aimée, c'est son travail parce que, quand une coupe est pleine, elle déborde toujours...

Son mari qui l'aime

La première priorité d'une femme aimée, c'est son mari qui l'aime. Ses désirs se portent vers lui, l'être essentiel de sa vie. Il est la source de son amour, la fontaine de son bonheur, le parapluie de sa sécurité, l'assurance de sa protection... Il n'est que normal qu'en tout temps, en tout lieu et en toutes circonstances, il vienne et passe en premier... Il n'est que légitime qu'il ait la primauté... car sans lui, sans sa tendresse, sans ses caresses, sans sa finesse, sans son adresse, elle ne pourra jamais ni fleurir, ni s'épanouir, ni assouvir le désir féminin qui, avec les années qui passent, devient toujours plus intense, plus urgent, plus pressant, plus ardent.

En faisant de l'homme qui l'aime la première priorité de sa vie, une femme aimée déploie sagesse et prudence.

Quand elle lui fait du bien et non du mal tous les jours de sa vie, elle veille sur ses propres intérêts car plus son homme sera homme, plus il sera attaché à elle, et plus il sera attaché à elle, plus elle sera aimée... Elle ne peut donc pas, au risque de mépriser le désir féminin, faire autrement que de consacrer à son mari le meilleur d'elle-même et de le placer au centre même de ses préoccupations.

Une femme se soucie facilement de beaucoup de choses... La tyrannie de l'urgent, souvent la défigure et l'aveugle complètement, l'empêchant de voir l'important... et si elle ne décide pas de s'y attacher pour en ressentir chaque jour, l'urgence, elle passera tout simplement à côté.

L'important, pour une femme aimée, c'est de prêter une grande attention à la virilité de son mari pour en favoriser constamment l'expression et l'expansion. Qu'elle y pense sérieusement, sobrement, honnêtement : C'est dans la mesure où il est homme, qu'elle pourra être femme et quel bonheur, quelle sécurité, quelle satisfaction que d'être invitée à s'appuyer de toutes ses forces sur la force d'un homme véritable !

Une virilité normale se juge à la capacité de porter noblement des responsabilités et à l'aptitude de s'attacher avec vigueur et d'une façon durable à une seule femme. Une telle virilité doit se construire : Pour ne pas toujours fuir ses responsabilités mais apprendre à les assumer, il faut qu'un homme soit encouragé à prendre l'initiative de ses démarches ; et pour qu'il s'attache à sa femme, un homme doit avoir auparavant résolument tourné le dos à son passé et décider maintenant de regarder en avant.

Initiative et responsabilités

Une véritable femme laisse son mari prendre l'initiative de leur vie à deux puis celle de leur vie familiale.

Elle peut ainsi faire reposer sur ses épaules le poids de ses responsabilités d'époux et de père.

Prendre l'initiative, c'est être le premier à proposer, le premier à entreprendre, le premier à organiser quelque chose. Prendre l'initiative rend automatiquement responsable, car être responsable, c'est être conscient d'être l'auteur d'un événement, l'auteur d'une chose, l'auteur d'un être.

Par égard pour sa virilité et par estime pour son désir féminin, une femme noble n'hésitera jamais à dire à son mari : « Ici, c'est toi le patron, tu prends les décisions. Tu n'es pas grand et fort comme ça pour constamment me forcer à tout porter mais précisément pour prendre les choses en main et les mener à bien. » Si les événements se gâtent, il ne pourra s'en prendre qu'à lui et il deviendra rapidement plus réfléchi, plus prudent, plus raisonnable. Une femme intelligente ne cherchera jamais à se mettre dans une position qui permettra à son mari de déverser sur elle la colère de ses échecs à lui.

Heureuse la femme qui peut rappeler à son mari que c'est lui qui a couru après elle, que c'est lui qui l'a demandée en mariage, que c'est lui qui l'a rendue femme, que c'est lui qui l'a mise enceinte et que maintenant, tout ça, même si ça ne lui plaît pas, c'est de sa faute ! C'est lui qui l'a voulu... il faut qu'il s'en occupe. Ah ! la puissance des femmes d'antan qui veillaient jalousement, avec le concours étroit de leurs parents et de leurs chaperons, sur leur virginité et leur honneur, sachant très bien qu'elles auraient besoin d'arguments tout à l'heure, quand le goût d'esquiver les conséquences de leurs actes prendrait leurs hommes et les pousserait à la lâcheté, à l'abandon, à la trahison... Les yeux étincelants d'indignation, les mains sur les hanches, avec toute l'autorité du désir féminin, elles pouvaient dire : « Mon ami, c'est ton nom que je porte et ce sont tes enfants que j'élève et si tu veux encore pouvoir te regarder dans un miroir sans avoir la nausée, reste à ton poste et occupe-toi des tiens ! »

Les femmes que les hommes aiment le plus au monde sont rarement les plus belles mais celles qui savent les rendre meilleurs...

La femme sage bâtit sa maison : Elle encourage l'homme à diriger leur vie en la protégeant elle et ses enfants des soucis, des tracas et des angoisses qu'il *peut* porter lui-même.

La femme insensée renverse sa maison de ses propres mains : Elle force l'homme à s'effacer derrière elle parce qu'elle veut tout mener... jusqu'au jour où elle se retrouve sans recours face à un homme plein de haine et qui la fuit en déclarant : « Laisse-moi tranquille. Continue à te débrouiller toute seule. Tu n'as pas besoin de moi. »

Quelle affreuse méprise quand un homme peut arriver à croire que sa femme n'a pas besoin de lui ! À qui la responsabilité d'une telle aberration ? Autant dire qu'un enfant n'a pas besoin de sa mère ou qu'un homme n'a pas besoin de son Dieu... Comment une personne qui a besoin d'être aimée peut-elle ne pas avoir besoin de la personne qui a le devoir de l'aimer ? Nier le besoin de l'autre, c'est refuser son devoir... mais ne pas faire connaître à l'autre son besoin, c'est l'empêcher de faire son devoir. Et l'un est aussi grave que l'autre.

Ainsi en amour, dans le couple, dans la famille, avoir l'initiative est la prérogative de l'homme et lui laisser l'initiative est l'unique moyen de l'amener à porter ses responsabilités d'homme, d'époux et de père. L'homme doit être responsable au risque de se déviriliser et la gardienne de sa virilité est sa femme dans la mesure où elle tient à sa féminité. Une femme ne peut donc jamais taire son besoin d'être aimée, elle ne doit jamais le passer sous silence, elle ne peut nullement le minimiser.

Si elle est animée du désir féminin, une femme ne tolérera aucune rivalité. C'est à elle que son mari doit donner le meilleur de lui-même, c'est d'elle qu'il doit sans cesse être épris et c'est avec bonne conscience et sans remords qu'une femme aimée combat chez l'homme qui l'aime tout ce qui lui vole de son temps et de ses affections : le jeu, les cartes, la boisson, les sports, les journaux, la télévision, les copains, les drogues, la gloire, le pouvoir, son chien et ses chats... Arrêtons ici cette liste avant qu'elle ne devienne trop brutale.

Comment une femme peut-elle s'y prendre ? Très simplement en commençant par cesser de porter les fardeaux qui ne lui reviennent pas. D'ailleurs, si son mari a tant de temps pour s'amuser et poursuivre ses idées de réussite personnelle, c'est probablement parce qu'elle joue à la super-femme, entendons par là, qu'elle joue à la femme superbement insensible à ses véritables besoins... Il est dangereux de l'ignorer : Le surmenage précipite les femmes dans la dépression tandis que l'irresponsabilité emprisonne les hommes dans la folie. Taire le désir féminin est déséquilibrant et pour la femme et pour l'homme. L'affirmer et le faire respecter est le garant de leur santé physique et mentale ainsi que de leur identité sexuelle à tous les deux.

Ainsi, en faisant de son mari la première priorité de sa vie, une femme s'assure de ne jamais lui permettre d'oublier le moindrement qu'il a le devoir de l'aimer parce qu'elle a le besoin d'être aimée par lui. Attention, cependant ! Être aimée, c'est recevoir de l'amour et non être forcée d'en prendre... C'est pourquoi une femme doit être honnête et franche et *demander* ce qu'elle veut. N'est-il pas écrit : *Demandez* et l'on vous donnera ? Demander, ce n'est pas soupirer, espérer, suggérer, insinuer, sous-entendre, conseiller ou proposer. Non ! Demander, c'est faire connaître à quelqu'un ce qu'on désire obtenir de lui. Demander, ce n'est pas réclamer, ordonner, imposer ou exiger. Non ! Demander, c'est exprimer une envie ou un souhait de manière à en provoquer la réalisation... Oh ! la puissance du désir féminin qui, tout simplement, *dit*: « Chéri, j'ai besoin de toi. Reste avec moi. Prends-moi dans tes bras et sers-moi bien fort... » Aucun homme véritable ne peut refuser d'accéder à une telle requête et alors qu'il s'empresse d'y répondre, il grandit, il se fortifie, il se réjouit dans sa virilité... Il sait pourquoi il est là. Il accepte d'être là. Il décide de rester là : le protecteur de sa femme, le chef de sa famille, l'axe de son foyer.

Se détacher pour s'attacher

Pour de très nombreuses femmes, ce qui leur manque en amour, ce n'est pas la bonne volonté, ce n'est pas non plus le savoir-faire. Ce qui leur manque, c'est l'encouragement, c'est la conviction que ce qu'elles ressentent et ce qu'elles désirent est légitime. Elles hésitent. Elles se morfondent. Elles s'en veulent, puis elles se fâchent. Elles s'efforcent alors de jouer aux braves. Elles ravalent leur angoisse et sourient jusqu'à ce qu'elles craquent de nouveau : Est-il normal qu'elles soient jalouses de leurs belles-mères ? Pourquoi sont-elles furieuses chaque fois que leurs maris mentionnent leurs pères ? Comment se fait-il qu'elles ne peuvent supporter les beaux-frères et les belles-sœurs ?

Les femmes questionnent mais on se moque de leur émoi. Avec un dédain calculé pour les faire douter d'elles-mêmes, on leur dit qu'elles sont possessives, exclusives, étouffantes, vieux-jeu... On exerce sur elles un chantage subtil : Épouser quelqu'un, n'est-ce pas épouser toute sa famille aussi ? Alors si un homme aime sa maman au point qu'il doive obtenir son approbation pour tout ce qu'il veut faire et qu'il ne le fasse pas dès qu'elle lui montre un tant soit peu d'opposition ; et s'il est préoccupé par son père au point de ne vouloir vivre que pour lui prouver ceci ou cela ou lui faire payer ceci ou cela ; et s'il ne peut passer une fin de semaine sans aller visiter ses frères et ses sœurs pour rabâcher son enfance et son adolescence... pourquoi devrait-elle lui en vouloir ? Qu'y-a-t-il de grave à cela ? Il ne court pas ailleurs. Tous ces gens ne sont pas des étrangers. Ne leur doit-il pas le respect ? – C'est déroutant ! Que dire, que faire, que répondre ?

Une femme sait très bien qu'aimer, c'est s'attacher. Un homme qui aime *est attaché* ! Mais... comment peut-il y avoir attachement tant qu'il n'y a pas eu détachement ? Un homme doit s'attacher à sa femme... De qui doit-il se détacher ?

Un très vieux commandement de l'amour ordonne : « L'homme quittera son père et sa mère, et s'attachera à sa femme, et les deux deviendront une seule chair[1]. » Que cela veut-il dire ? Réfléchissons... Parle-t-on ici de l'obligation pour l'homme de quitter ses parents physiquement, géographiquement, matériellement... ou psychologiquement... affectivement... ? Un homme peut-il aimer alors qu'il n'est pas devenu un adulte ? Un homme peut-il donner de l'amour, s'il est encore un enfant ? Cela aussi vous le savez fort bien : Un enfant ne peut pas donner de l'amour... Il ne peut qu'en recevoir... D'ailleurs être enfant, c'est avoir besoin de recevoir de l'amour de ses parents. L'enfant devient un adulte le jour où il fait volontairement disparaître ce qui est de l'enfant : Il cesse de parler comme un enfant (je, me, moi). Il cesse de penser comme un enfant (je, me, moi). Il cesse de raisonner comme un enfant (je, me, moi). Son réservoir affectif est plein. Il a été aimé. Il est maintenant un homme fait et la preuve en est ce souhait qui soudain surgit dans son cœur : Il veut aimer et ce besoin le dévore aussi longtemps qu'il ne l'a pas assouvi en s'attachant à une femme et aux enfants qu'elle lui donne. Et attaché, il le reste, parce que ces êtres qu'il aime plus que lui-même, lui donnent le privilège d'aimer beaucoup, d'aimer longtemps, d'aimer puissamment, d'aimer virilement.

Cela peut sembler très beau. Mais combien d'hommes ont eu leur réservoir affectif rempli ? Combien d'hommes sont devenus des adultes ? Combien d'hommes ont l'envie – ne parlons pas du besoin – d'aimer ? Combien d'hommes aux cheveux gris depuis longtemps, n'ont encore qu'une seule passion : être voulus, être acceptés, être admirés, être aimés de *leurs parents* ? Et alors que ce feu les consume et les aveugle, ils déversent leur frustration et leur colère sur tous ceux qui touchent à leur réservoir affectif pour en solliciter la moindre goutte. Ne possédant pas encore l'amour de leurs parents, ils ne peuvent supporter d'avoir à donner quoi que ce soit. Ils veulent prendre ! Ils veulent arracher ! Oubliant que c'est après l'amour qu'ils soupirent, ils sont pleins de haine...

Pourtant, ce n'est pas à une femme d'aimer un homme comme il aurait voulu être aimé de ses parents... C'est de toute façon une impossibilité, et quiconque croit pouvoir le faire, va au-devant de la folie. Oh ! combien les femmes ont besoin de tenir à leur désir féminin fièrement, farouchement, résolument. C'est elles qui ont besoin d'être aimées. Leur homme doit les aimer. Elles ne sont pas là pour le bercer, pour le protéger, pour céder à ses bouderies, pour trembler à ses menaces. Elles sont là pour qu'il soit un homme, un vrai, en grand.

Ainsi, c'est la responsabilité d'une femme qui a besoin d'être aimée de vérifier avec ardeur si l'homme qui doit l'aimer a bien quitté père et mère. Par contre, elle n'est pas responsable de son enfance. Elle n'est pas responsable de son passé quel qu'il soit. Ce n'est pas elle qui l'a créé ou provoqué. Elle ne peut donc pas le corriger. Elle ne doit pas en porter les conséquences (bien qu'elle aura à les supporter). En tant que femme, elle ne peut que lui inspirer la fierté d'acquérir de la maturité et l'ambition de développer sa virilité en arrivant à l'aimer, elle, en premier et plus que toute autre chose et plus que tout autre être humain sur cette terre.

L'amour doit alors se prouver par des gestes et des actes précis et il doit être éprouvé par le temps. C'est pour cela que le désir féminin tient aux lois de la politesse, aux manières galantes, aux conventions, aux promesses, aux engagements, aux cérémonies, à tout ce protocole de l'amour vrai que sont les bonnes mœurs. Les obstacles à l'amour que celles-ci érigent deviennent ainsi les moyens bénis de le tester, d'en vérifier la valeur et la qualité... et de le démasquer. S'il devait être faux, l'amour ne résisterait pas à l'épreuve des délais, des sursis et de la remise à plus tard de son expression physique intime.

L'étiquette de l'amour noble est très claire :

- Premièrement, l'homme quittera son père et sa mère : Il doit avoir cessé de désirer d'être aimé et vouloir maintenant aimer ;
- Deuxièmement, il s'attachera à sa femme : Elle doit devenir la première priorité de sa vie, sa préoccupation principale, son indispensable moitié ;
- Troisièmement, les deux deviendront une seule chair : L'union sexuelle désormais ne fera que mettre en musique les paroles de leur amour. Et chaque fois que l'homme et la femme les chanteront, elles approfondiront leur engagement et garantiront leur fidélité.

Pour réussir en amour, comme dans tout le reste, il faut suivre les règles... à la lettre et sans en bousculer aucune... Et si la femme se trouve dans une relation où tout s'est fait à l'envers, elle doit se mettre en marche arrière. C'est absolument sûr et irréfutable : Pour un homme, il ne peut y avoir attachement à une femme s'il n'y a pas eu auparavant détachement de ses parents. Inutile en attendant, de s'user, de se démolir, de se culpabiliser. Il faut agir avec détermination et cesser aussi nettement que possible de renverser les rôles... Dès qu'une femme décide de ne plus jouer à la maman de son mari, elle lui permet de devenir un homme ou... de réaliser sa situation fâcheuse. Une femme doit être courageuse : Il faut qu'elle fasse connaître encore et encore son besoin d'être aimée à l'homme qui a promis de l'aimer. Parole d'honneur !

Ses enfants qu'elle aime

La deuxième priorité d'une femme aimée, ce sont ses enfants qu'elle aime. Conséquences de l'amour donné, preuves de l'amour reçu, ses enfants sont de l'amour en chair et en os ! Et maintenant qu'ils ont été engendrés et maintenant qu'elle les a enfantés, il lui reste la responsabilité sacrée de les nourrir, de les protéger et de les éduquer pour qu'ils puissent à leur tour avoir le privilège d'aimer et d'êtres aimés, d'engendrer et d'enfanter.

Être mère, c'est être parent et être parent, c'est prendre l'initiative de donner de l'amour à son enfant, c'est avoir la responsabilité de donner de l'amour à son enfant, c'est accepter le devoir de donner de l'amour à son enfant. Et cette obligation pour le parent de donner de l'amour à son enfant, ne connaît aucune exception, aucune dérogation, aucune restriction, aucune excuse. Elle est absolue et inamovible. Qu'il soit jeune ou vieux, marié ou seul, riche ou pauvre, sain ou malade, heureux ou malheureux, employé ou chômeur, qu'il en ait envie ou pas, qu'il le veuille ou non, qu'il en ait le temps ou qu'il n'en ait pas le loisir, un parent doit donner de l'amour à son enfant. Il doit lui en donner, sans rien attendre en retour, sans rien exiger en retour.

Comme le rayon de lune, promesse du soleil, comme la flaque d'eau, aquarelle du ciel sur le trottoir mouillé, comme le miroir, témoignage de l'autre... un enfant n'est qu'un reflet... Il est le reflet de l'amour reçu... et là où il n'y a pas d'amour donné, l'enfance s'étiole... elle se rabougrit... elle languit... elle dépérit... elle se corrompt..., prisonnière de la colère, esclave de la dépression. Ah ! qu'il est beau l'enfant aimé... beau comme le contentement !

Nous venons de voir que le désir d'être aimé de ses parents conservé au-delà de l'adolescence et le sentiment persistant de ne pas l'être, empêche un homme de s'attacher à sa femme. L'homme qui n'a pas le sentiment d'avoir été aimé reste un enfant, il s'attarde à sa jeunesse, il ne veut pas grandir et refusant de prendre l'initiative de son couple et d'en porter les responsabilités, il le met en péril... Par contre, le désir d'aimer ses parents (sa mère ou une figure parentale quelconque) et de les prendre en charge à quelque niveau que ce soit alors qu'ils n'ont pas vraiment besoin d'elle, empêche une femme de s'attacher à ses enfants. Elle se sent la mère de ses parents et cela depuis très longtemps... Ils sont son tourment quotidien. Ses propres enfants l'agacent. Elle n'a pas le temps psychologique de se pencher sur leurs besoins, obnubilée qu'elle est par une culpabilité profonde chaque fois qu'elle ne s'occupe pas de ses parents. Alors... elle leur téléphone, les visite et les invite constamment, elle fait les achats avec eux, elle se soucie de leurs moindres bobos et ressent énormément d'anxiété dès que quelque chose ne va pas. Elle se croit obligée de les entourer, de les gâter, de les soigner et même de leur obéir. Elle n'ose pas les laisser à eux-mêmes. Elle se dit, elle se voit, elle se sent responsable d'eux... et voilà qu'elle met sa famille en péril : Adulte avec ses parents qui jouent aux enfants, elle fait presque la petite fille avec ses enfants qui sont forcés de jouer aux adultes pendant tout le temps où elle n'est pas là de corps ou d'esprit... tandis que son mari, troublé mais n'osant l'exprimer, est obligé de jouer à la mère auprès de ces pauvres petits poussins sans maman « présente ».

La nature humaine est fragile. Elle ne peut se structurer correctement et solidement que si elle est gardée à l'intérieur de commandements extrêmement précis et impératifs : L'homme doit quitter son père et sa mère et la femme doit oublier son peuple et la maison de son père. Homme et femme doivent tous les deux réaliser, puis accepter, qu'ils ne sont plus des enfants. Ils sont devenus des adultes et les enfants maintenant, ce sont leurs enfants qui ont besoin de *parents* (et non de copains ou de grands frère et sœur) pour se développer harmonieusement. Or, c'est sans possibilité de contour ni de détour : C'est aux parents de s'occuper des enfants et non aux enfants de s'occuper des parents ; c'est le cœur des parents qui doit aller aux enfants... et alors, et seulement alors, le cœur des enfants, écho de celui de leurs parents, ira vers eux...

Les enfants sont donc la deuxième priorité d'une mère. Pourquoi la deuxième ? On pourrait très simplement dire parce que la première place dans son cœur et dans sa vie revient à son mari, au père de ses enfants. En effet, le couple précède toujours l'enfant et il lui survit... Quand l'enfant a quitté le nid, les parents ont encore devant eux de très nombreuses années à vivre à deux. Le désir féminin interdit à une femme de donner à son enfant une autre place que la deuxième, parce que pour l'aimer, elle a premièrement besoin d'être aimée...

Combien de mamans ont regretté amèrement d'avoir servi leurs enfants au point d'oublier de se faire aimer de leurs maris... Combien ont déploré ces années consacrées avec empressement à la satisfaction de tous leurs désirs quand, en pleine ménopause, elles se sont retrouvées face à un mari qui était devenu pour elles un étranger. D'autres n'ont jamais compris pourquoi leur dévouement absolu envers leurs enfants n'avait suscité chez eux que de la rancune envers elles et parfois même une méchanceté profonde. Lorsqu'une mère donne à un enfant la première place dans sa vie, sans même le comprendre et encore moins le vouloir, elle fait fi de son conjoint qui voit sa virilité bafouée, et elle fait fi de son enfant qui sent sa fragilité exploitée. Placé ainsi dans une situation insupportable pour lui, celle d'un usurpateur, il doit très souvent grandir sous le feu de la jalousie (déguisée) puis de la haine (maquillée) de son père et cela d'autant plus, s'il est un garçon. La jalousie paternelle prend alors la forme d'une indifférence meurtrière et rien de ce que l'enfant fait n'arrive à émouvoir son père ni ne l'amène à le remarquer ou à se pencher sur lui.

Nous avons ici l'exemple-type du renversement des rôles totalement destructeur de la personnalité et des relations humaines au sein de la famille. Conséquence maudite d'une relation de couple malsaine, instable ou malheureuse, il tisse dans l'âme de l'enfant le mépris de ses parents, source d'un stress chronique qui, plus tard, sera une cause de dépression mordante et débilitante. Quand un enfant est placé dans un rôle qu'*il ne peut pas remplir*, il se trouve dans une position insoutenable : On lui demande trop, trop tôt. On se conduit avec lui comme s'il était beaucoup plus âgé qu'il ne l'est alors qu'il est généralement trop jeune pour même comprendre ce qu'on demande de lui. Selon le Dr Ross Campbell, psychiatre, « il n'est pas exagéré de dire que le parent agit comme un enfant mal aimé et effrayé et qu'il considère son propre enfant comme un adulte capable de lui donner réconfort et amour[2]. »

La conséquence directe d'un renversement de rôles qui survient automatiquement dès qu'une mère donne à ses enfants la place qui revient à son mari pour essayer de prendre auprès d'eux ce que seul son mari peut lui prodiguer (tendresse, sécurité, encouragement, etc...), est le mauvais traitement des enfants. On est constamment en train de les flatter parce qu'on cherche à obtenir leur affection ou de les punir parce qu'on n'a pas réussi à l'avoir... Alors, insultes et louanges outrées, caresses voluptueuses et coups se succèdent de façon imprévisible, au gré de l'humeur envieuse ou rageuse du parent. L'enfant se met à vivre d'anxiété et d'insécurité et le sentiment de ne pas être aimé, véritable lèpre du cœur, peu à peu le hante pour lui souffler des airs de folie et de destructivité[3].

Si donner à un enfant la première place est une calamité, lui donner la troisième ou la quatrième place parce que l'on poursuit d'autres buts plus urgents, l'est tout autant et à peine différemment. Dans un cas, il est trop sollicité et dans l'autre il est trop ignoré, mais d'une façon ou d'une autre, il est négligé et ses besoins d'amour et de compréhension ne sont pas comblés. Que l'on exige d'un enfant qu'il nous soigne émotivement ou que l'on veuille qu'il se débrouille tout seul, on est de toute manière en train de le forcer à jouer un rôle d'adulte. On nie qu'il n'est *qu'un enfant* et l'on refuse d'accepter qu'il existe pour chaque parent sur cette terre, aussi longtemps qu'il est vivant, un devoir sacré qui est d'aimer son enfant. Non seulement en pensée. Non seulement en paroles. Mais aussi et surtout en actes. Or les actes de l'amour, quand il s'agit d'un petit enfant ou d'un adolescent, sont de le nourrir, de le protéger et de l'éduquer. C'est le strict minimum. À moins de cela, il n'y a tout simplement pas d'amour.

Nourrir son enfant

Les ovules de la femme : terre nourricière ! La matrice de la femme : terre nourricière ! Les seins de la femme : terre nourricière ! Comment peut-on nier qu'être mère, c'est nourrir ? Nourrir le fœtus, l'embryon, le nouveau-né, le bébé, l'enfant, l'adolescent et l'homme. Les nourrir de son sang, de son lait et des aliments préparés de ses mains. Impossible de le cacher, nourrir, c'est aimer, parce que nourrir, c'est protéger de la faim, des maladies et de la mort, parce que nourrir, c'est éduquer. En effet, lorsqu'une mère nourrit son enfant, elle l'expose aux gestes fondamentaux de l'amour inconditionnel : tandis qu'elle donne sans se lasser, sans rien attendre en retour, il reçoit avec satisfaction, chaque fois. L'amour n'est-il pas toujours le résultat de l'interaction de deux individus dont le rôle de l'un est de donner gratuitement ? La mère qui nourrit son enfant dans son sein, puis à son sein, puis sur ses genoux, puis à sa main, puis à sa table et qui le fait pendant près de vingt ans, chaque jour deux à trois fois, grave dans le cœur de son enfant le seul message qu'il a besoin de connaître pour s'épanouir : « Je t'aime. Tu as de la valeur à mes yeux. Reçois. N'aie pas peur. C'est bon. Cela va te faire du bien. Tu vas grandir. Tu seras beau. Je t'aime. »

Pas étonnant que les toutes premières manifestations, mais aussi les plus persistantes, de la carence affective maternelle, soient les désordres alimentaires : caprices à table, refus de manger, perte de l'appétit, anorexie, boulimie, obésité[4, 5, 6]. Nourrir un enfant est un acte essentiel à sa survie et de quelque façon qu'il est conduit ou manipulé, il imprégnera dans son psychisme des marques profondes et durables. L'atmosphère nécessairement chargée émotivement dans laquelle est alimenté un individu dépendant et vulnérable est toujours un stimulus extrêmement puissant et d'une signification profonde qui modèlera sa personnalité entière et influencera ainsi toute l'histoire de sa vie.

Peut-on négliger l'acte de nourrir un enfant ? La déclaration des droits de l'enfant stipule que « l'enfant a droit à une alimentation ». Qu'y a-t-il de plus important au monde que de nourrir *son* enfant ? À quel prix une mère peut-elle décliner cette responsabilité ? L'enfant qui mange seul n'apprend pas à aimer, mais à prendre... Et pour un enfant, être loin de sa mère, *c'est toujours être seul.* Heureux l'enfant qui a le privilège d'être favorisé par une relation stable avec elle, ce qui lui apprendra tôt la fidélité et la confiance. Son caractère manifestera alors de la beauté, de la profondeur et de l'équilibre... et sa maman en le nourrissant de bons aliments préparés avec soin aura le sentiment absolument précieux et indispensable à son équilibre de femme de faire son devoir et d'être une bonne mère.

Protéger son enfant

Le Code civil[7] définit l'autorité parentale comme « une fonction qui vise à protéger l'enfant », à le protéger dans « sa sécurité, sa santé et sa moralité ».

La *Déclaration des droits de l'enfant*[8] comprend dix recommandations et trois d'entre elles stipulent le besoin des enfants d'être protégés d'une façon « spéciale » « contre toute forme de négligence, de cruauté et d'exploitation », « afin d'être en mesure de se développer de façon saine et normale sur le plan physique, intellectuel, moral, spirituel et social ». Et la satisfaction de ce besoin de protection constitue une priorité absolue. « En toutes circonstances l'enfant doit être parmi les premiers à recevoir protection et secours. »

Protéger un petit... Comment le faire authentiquement autrement qu'avec celle qui l'a enfanté tout près de lui ? La nature qui obéit à des lois immuables peint encore une chatte avec ses chatons, une biche avec son faon, une lionne avec ses lionceaux, une ânesse avec son ânon... La civilisation qui nous a appris à dire « Les femmes et les enfants d'abord ! » a érigé en loi le devoir pour les hommes de protéger les femmes... Pourquoi ? La réponse est simple : pour qu'elles puissent, en toute sécurité et particulièrement, protéger les enfants. Ce cri de noblesse est le plus beau cri qu'un homme décide de pousser. C'est le cri de l'amour viril qui se sacrifie par respect pour les mères, par tendresse pour les enfants. « Les femmes et les enfants d'abord ! » mais pas seulement au cours des naufrages, des catastrophes, des famines ou des guerres, non, à chaque instant de la vie... car les véritables hommes le savent bien, le lien le plus fragile sur cette terre quoique le plus vital, est celui qui rattache une mère à son enfant. Comment risquer d'avoir à porter la responsabilité d'avoir un tant soit peu favorisé son relâchement ?

Un très vieux poème hébraïque pose deux questions troublantes : « Une femme oublie-t-elle l'enfant qu'elle allaite ? N'a-t-elle pas pitié du fruit de ses entrailles ? » Que répondre à une époque où les enfants, dès leur premier vagissement sont séparés de leurs mères, éloignés, isolés, et placés en groupe sous la garde obligatoirement détachée d'une professionnelle quelconque ? Le cordon ombilical est coupé avant qu'il ait cessé de battre, le bébé est éloigné du sein de sa mère avant qu'il ait eu le temps d'y grandir, il est arraché à ses bras avant d'avoir appris à dire maman... Comme une croûte que l'on gratte sur une plaie encore vive et qui s'envenime, ces déchirures répétées défigurent la mère et l'enfant par des cicatrices d'anxiété, des balafres d'indifférence, des stigmates d'aveuglement à l'égard de l'autre... et la première chose que l'on veut alors oublier et nier, c'est le besoin qu'a l'enfant de sa mère pour le protéger dans « sa sécurité, sa santé et sa moralité ». On préfère croire que l'enfant a besoin d'indépendance – sinon comment justifier de le laisser seul le soir ? –, de sociabilité – sinon comment justifier de le déposer chez des étrangers le jour ? –, d'informations directes sur la vie – sinon comment justifier de l'abandonner aux visions sauvages de la télévision toutes les fins de semaine ?

Avec de tels raisonnements, les mères n'ont aucune raison pour ne pas aller gagner le pain quotidien et on ne trouve plus personne, nulle part, pour dire : « Chut !... il y a des enfants ici ». Partout on en profite, et alors qu'ils n'ont pas encore eu l'occasion de rencontrer la vertu, les enfants connaissent les mots, les gestes et les rythmes du vice. On éclabousse leur innocence, on souille leur candeur, on exploite leur vulnérabilité et sans plus craindre de les scandaliser, on affiche avec hardiesse à la portée de leurs yeux et de leurs mains des saletés, des vulgarités, des violences et des nudités de tout genre qui les traquent et les piègent pour les étrangler dans l'obsession du « moi » et le mépris du « toi ». C'est un nouveau Massacre des Innocents... mais où sont les Rachels qui pleurent leurs enfants et qui refusent d'être consolées car ils ne sont plus... ?

Où sont-elles, les mères de tous ces enfants « rejetés, exploités par la société, écartelés entre des institutions et des personnes, parachutés dans des lieux de garde, parqués[9]... » ? Comment peuvent-elles oublier ? Pourquoi n'ont-elles pas pitié ? – Leurs priorités ont été bouleversées. Attaquées sans merci, elles ont finalement cédé aux voix du mensonge qui, des fois, leur disent que l'enfant, même le tout petit et pour sûr le plus grand, n'a pas besoin de sa mère – et on l'envoie en nourrice, à la crèche ou en vacances tout seul – et qui, d'autres fois, leur déclarent que la mère n'a pas besoin de son enfant – et on la pousse au bureau, à l'usine ou à la guerre. D'une façon ou d'une autre, l'enfant à tout âge se retrouve seul, sans protection, incapable de se développer « de façon saine et normale sur le plan physique, intellectuel, moral, spirituel et social » et la mère dont la conscience est troublée et la trouble devient une proie docile à qui l'on impose de se taire et interdit de pleurer. L'humanité s'abîme. L'humanité se défigure. De nouveau, elle est assise dans les ténèbres, dans la région et l'ombre de la mort. Oh ! femmes, que la lumière du désir féminin se lève dans vos cœurs, car il y a de l'espérance pour votre avenir ! Vos enfants reviendront du pays de l'ennemi. Vos enfants reviendront dans leur territoire : Ils seront à nouveau votre deuxième priorité. Si vous le voulez, si vous le décidez, ils seront alors nourris et rassasiés par vous, allaités et portés dans vos bras et caressés sur vos genoux.

Être femme, c'est être mère et être mère, c'est veiller sur ses enfants comme une poule sur ses poussins, comme une louve sur ses louveteaux, comme une ourse sur ses petits. L'enfant est vulnérable. L'enfant est fragile. L'enfant est cassable. Si sa mère ne le défend pas agressivement, si sa mère ne le protège pas fidèlement, si sa mère ne le garde pas farouchement, il sera attaqué, il sera blessé, il sera corrompu. Le devoir de protéger l'enfant appartient à la mère. C'est son droit. C'est son privilège. Dans ce domaine, une femme ne peut jamais déléguer son autorité, son pouvoir et sa compétence à qui que ce soit, – pas même au père de ses enfants.

C'est sérieux. L'imagination en délire de notre société veut maintenant, après avoir forcé les femmes à jouer aux hommes, forcer les hommes à jouer aux mères... C'st le fin mot de l'émancipation : Pendant que Maman travaille, Papa fait à manger, et garde les enfants. Il change les couches, donne les biberons et mouche les nez. Certes, cette fois-ci, Maman n'a vraiment plus aucune raison pour hésiter d'aller poursuivre ailleurs d'autres intérêts... Dans cet arrangement, on évite le traumatisme des garderies et leurs dangers que l'on n'a plus peur d'étaler : la contagion, l'anonymat, les mesquineries, les mauvaises compagnies qui corrompent les bonnes mœurs, et le manque de stimulation intellectuelle. Et quand la mère rentre à la maison, il ne lui reste plus qu'à faire l'inspectrice des travaux inachevés. On pourrait se croire dans le meilleur des mondes... sauf qu'une fois de plus, on est en pleine négation de la réalité.

Dans la nature, les seuls mâles qui se montrent enclins à remplacer les femelles dans la protection des petits, sont les mâles castrés. Dans la basse-cour, le chapon peut arriver à nourrir les poussins, et quand le chat survient, il peut chercher à les défendre, mais, totalement ignoré des mâles batailleurs, il ne se rapproche plus des poules et ne cherche aucunement à les protéger, elles. Elles lui sont totalement indifférentes...

Une femme, ça ne se modifie pas. Une mère, ça ne s'échange pas. Un homme, ça ne se transforme pas. Après un temps d'euphorie très court, puis après un temps de stoïcisme trop long, viendra toujours le moment de vérité... et alors quelle douleur pour la femme de découvrir qu'elle vit avec un homme qui a appris à donner à ses enfants, l'affection qu'il lui doit !

Au nom du désir féminin, au nom du besoin des femmes d'être aimées, au nom du droit des enfants d'être aimés, il faut que les hommes aiment les femmes, pas en maternant leurs enfants, *mais en s'occupant d'elles* !

Pour l'amour d'elle et pour l'amour de ses enfants, une femme doit avoir ses priorités à l'endroit : Premièrement son mari qui doit l'aimer, deuxièmement ses enfants qu'elle doit aimer en les nourrissant, en les protégeant et en les éduquant.

Éduquer son enfant

Un rapport officiel sur la « Politique de la petite enfance » publié en France, lançait un cri d'alarme : « Libérez le bébé ! On ne garde pas les bébés comme des moutons ![9] » Un de ses auteurs affirmait dans ce contexte qu'il fallait absolument, dans tous les lieux d'accueil, favoriser l'éveil des petits enfants. Pourquoi ? On connaît en psychologie, le phénomène de « l'enfant sauvage[10] ». On désigne de ce nom, de jeunes êtres humains qui n'ont pas été élevés humainement parce qu'ils avaient été abandonnés, élevés par des animaux ou séquestrés et traités comme des bêtes. Les résultats ? – Des enfants incapables de parler et qui n'y parviendront jamais malgré un apprentissage poussé et prolongé, des enfants incapables de marcher debout et de se tenir droit, des enfants incapables d'attention, de raisonnement et même des perceptions les plus élémentaires comme celles du chaud et du froid, des enfants mangeant avec un plaisir manifeste les pires ordures, des enfants passant leur temps totalement apathiques et se basculant d'avant en arrière comme les animaux d'un jardin zoologique. Des enfants à jamais déshumanisés...

Après bien des recherches, on sait aujourd'hui que sans éducation, la possibilité, et encore moins la promesse, de l'homme est irréalisable. L'homme ne naît pas comme un système préfabriqué, mais il doit être construit. Et il a *tout* à apprendre. Transformer cet être apparemment inutile et insignifiant en quelqu'un qui soit une bénédiction pour la société est une grande et lourde tâche dont la responsabilité première et l'honneur reviennent à la femme, à la mère.

Un proverbe déclare : « Écoute mon fils, l'*instruction* de ton père et ne rejette pas l'*enseignement* de ta mère. » Certes, le père joue lui aussi un rôle bien précis dans l'éducation d'un enfant mais son rôle est complémentaire à celui de sa femme : La mère enseigne la théorie et le père instruit la pratique. Il est donc obligatoire que les deux s'accordent très clairement sur ce qu'ils veulent communiquer à leur enfant car il n'y a rien de plus pernicieux pour son développement moral que cette forme d'éducation où maman dit mais papa ne fait pas ou défait ce que maman a dit.

Le but de l'éducation n'est pas tant de donner à l'enfant des informations ou des compétences que de permettre la formation et le développement de sa personnalité. Or, il n'y a pas de possibilité d'une structuration normale et saine du psychisme de l'enfant sans un minimum de *discipline*, de *réalisme* et d'*espérance* enseignés par la mère et vécus par le père.

De la discipline

Dans son livre *Votre enfant et les drogues*[11], le Dr Ross Campbell, psychiatre, déclare : « Il existe une sorte d'abus rarement considérée comme telle mais qui est malheureusement à notre époque, une cause courante de ce désordre de la personnalité (le stade du « miroir brisé ») : c'est l'absence d'une discipline ferme et conséquente au sein du foyer. On dit une fois oui, une fois non (puis on dit non après avoir dit oui, ou oui après avoir dit non), et l'enfant ne sait jamais à quoi s'attendre. » Il ne connaît pas les règles parce que très souvent il n'y a tout simplement pas de règles. Tout est permis.

L'enfant grandit ainsi avec « une très piètre estime de soi » et il n'arrive à avoir « qu'une très vague notion de l'identité du moi ». « Comme son identité personnelle est floue », il doit s'attacher à quelqu'un pour se sentir comme un individu à part entière. Il est toujours en train d'imiter les autres dans le but d'établir son identité. Il est très dépendant et devient « un candidat de choix pour les toxicomanies ». Selon le Dr Campbell[12], l'absence de discipline – le comportement de l'enfant ne connaît pas de limites précises – constitue pour l'enfant un traumatisme aussi grave que le manque extrême de soins parentaux (facilité dès que l'enfant cesse d'être une priorité pour le parent), et l'inceste (une conséquence outrée du renversement des rôles entre un parent et son enfant).

L'enfant a donc droit à une discipline qui est en tout premier lieu, une connaissance précise de ce qui est bien et de ce qui est mal, permis et défendu, accepté et inacceptable. Sans discipline, il va développer des troubles de la personnalité qui se manifesteront par une très mauvaise adaptation à la vie. Il va aussi développer des troubles mentaux, car cet enfant qui n'a pas eu le privilège d'avoir une éducation basée sur un certain nombre d'interdictions et de contraintes ne pourra pas penser clairement, logiquement, rationnellement. Il aura également énormément de difficulté à s'ouvrir, mais s'il le fait, il révélera qu'il est comme un mort-vivant, incapable de jouir de la vie, hanté de « sombres pressentiments », par « le sentiment d'un malheur imminent », par la sensation qu'il évolue dans « une noirceur extrême et globale ». Il va affirmer qu'il y a des moments où il lui est « impossible de se débarrasser de la douleur » que lui causent ces sentiments. Il a alors « l'impression d'être prisonnier sous une couverture noire qui s'est abattue sur lui ».

Ces confidences rapportées par le Dr Campbell[12] sont déchirantes mais elles doivent rester à l'esprit de toute mère (et de tout père) qui hésite à reprendre son enfant, qui redoute de lui dire non ou qui craint de lui faire du tort en lui refusant ne serait-ce qu'un bonbon... La réalité est toute autre. Le Dr Campbell dit encore : « Le stress affecte terriblement ces enfants (élevés sans discipline) et ils ne le supportent pas le moindrement. Il les amène à avoir une conduite imprévisible et comme le stress est un phénomène de vie constant, leur conduite n'est jamais stable. Il arrive qu'ils aient l'air d'agir normalement, puis, tout d'un coup, ils sont totalement irrationnels. Leurs pensées s'embrouillent. Leur comportement n'est jamais le même et vous pouvez imaginer combien il peut être pénible d'avoir un esprit qui est constamment en train de penser différemment[12]. »

S'il est impossible d'imaginer que l'on puisse élever un enfant sans amour, il est tout aussi impossible de penser l'élever sans un certain nombre de « non » non négociables, d'ordres irrévocables, de défenses absolues. L'enfant qui est aimé, va donc, obligatoirement rencontrer une autorité à laquelle il sera encouragé d'obéir et de se soumettre. En effet, il ne peut y avoir de discipline ferme sans reconnaissance d'une autorité légitime. C'est pourquoi, encore aujourd'hui, le *Code civil*[13] stipule : « L'enfant à tout âge doit honneur et respect à ses père et mère », se faisant en cela l'écho du cinquième commandement de Dieu qui dit : « Honore[14] ton père et ta mère afin que tu sois heureux et que tu vives longtemps sur la terre. » La connaissance scientifique des conséquences maléfiques d'une éducation sans discipline et donc sans la possibilité pour l'enfant de reconnaître une autorité, nous fait réfléchir à la validité indestructible de ce commandement. La responsabilité de la bonne observation d'un principe si étroitement apparenté à la vie repose expressément, premièrement sur la mère, deuxièmement sur le père. L'enfant doit, en tout temps, pouvoir voir sa mère respecter son père et son père respecter sa mère. Si maman lui dit : « Ce soir, tu te coucheras à sept heures », papa n'a qu'une seule chose à dire : « Écoute ta mère et obéis-lui ». C'est simple. L'enfant ainsi gardé par la loi de sa mère (oui, c'est oui et non, c'est non) et les préceptes de son père (en tout temps et peu importe ses cris, ses hurlements, ses bouderies ou son insistance obsédante), ne pourra pas faire autrement que de leur accorder à son tour son respect. Là où règne une autorité reconnue et une ferme discipline règne *la sécurité.* Or, lorsque l'on dit qu'un enfant ne peut pas être élevé sans discipline, ce que l'on veut dire, c'est qu'il ne peut pas être élevé sans sécurité. Une absence ou une carence d'autorité provoque toujours du désordre, de la confusion, de l'anxiété, de l'agitation dans l'esprit d'un enfant qui est ainsi précipité dans une très grande souffrance morale. Discipliner un enfant, lui enseigner clairement ce qui est bien et ce qui est mal, ce qui est permis et ce qui ne l'est pas, c'est l'aimer.

Quand on a la responsabilité d'éduquer un jeune dans le but d'en faire un adulte équilibré, utile et autonome, l'aimer c'est dire non beaucoup, beaucoup plus souvent que oui. Car *aimer, c'est ne pas laisser faire.*

Du réalisme

« L'enfant doit être élevé dans un esprit de tolérance, d'amitié entre les peuples et de fraternité universelle et dans le sentiment qu'il lui appartient de consacrer son énergie et ses talents au service de ses semblables[15]. »

Laisser faire un enfant, c'est grave mais lui permettre de grandir avec le sentiment qu'il est supérieur ou inférieur à son voisin, l'est tout autant. L'éducation par comparaison est également une forme d'abus très cruelle.

Quand on ne cesse de dire à son enfant que les autres enfants sont meilleurs ou pires que lui, quand on ne cesse de lui donner tel autre enfant en exemple et d'affirmer qu'il est plus intelligent ou plus riche ou plus beau que lui ou qu'il l'est moins, quand on inocule dans son esprit l'idée qu'il devrait être à toute fin pratique autre qu'il est pour être quelqu'un digne d'attention, digne d'amour, digne de reconnaissance, on est en train de l'élever au conditionnel et ça, c'est le rejeter. Mais c'est aussi le détruire car dès qu'un être humain se met à croire qu'il est meilleur ou pire qu'un autre, il cesse d'être humain... Les sentiments de tolérance, d'amitié et de fraternité essentiels au développement de la décision de consacrer son énergie et ses talents au service de ses semblables, cessent de se développer dans son cœur et il devient aussi sec qu'une steppe au mois d'août...

L'enfant à qui l'on dit qu'il est plus mauvais que les autres, va penser que les autres sont meilleurs que lui – comment peut-il alors croire qu'ils ont besoin de lui ? L'enfant à qui l'on dit qu'il est meilleur que les autres, va penser que les autres sont pires que lui – comment peut-il croire qu'il a besoin d'eux ? D'une façon ou d'une autre, l'enfant élevé avec des comparaisons qui le flattent ou le démolissent est coupé des autres. Isolé. Il devient le jouet de l'orgueil ou le jouet de la honte, et le dédain ou l'envie, toujours corrosifs, se mettent à défigurer son esprit jusqu'à ce que « l'autre » devienne l'ennemi à écarter, à déplacer, à écraser.

Quelle est la valeur d'un être humain ? Comment une mère qui a la responsabilité d'éduquer son enfant peut-elle lui enseigner qu'il a un prix, qu'il a du prix, sans pour cela l'amener à considérer les autres avec mépris ? Une maman doit avoir une réserve de proverbes[16], de paraboles[17] et d'histoires honnêtes[18] à partager avec son enfant au jour le jour, selon les circonstances de la vie, à l'aide desquels elle gravera dans son âme l'amour de son prochain. Il comprendra ainsi peu à peu que riches et pauvres, grands et humbles, libres et esclaves sont la propriété de Dieu ; il verra que tous les êtres humains ont le même prix, un prix inestimable car la Croix a été plantée pour chacun d'eux sans exception aucune ; il saisira qu'il peut être une brebis perdue, ou une drachme perdue, ou un fils prodigue mais que le berger, la maîtresse de maison et le père ne l'abandonneront pas et ne se donneront pas de repos qu'il ne l'ait retrouvé ; plus, il comprendra que la pièce de monnaie perdue bien que tombée dans la poussière et les balayures de la maison n'en était pas moins une pièce d'argent et sa propriétaire s'en souvint... Ainsi toute personne aussi dégradée qu'elle soit, est précieuse aux yeux du Sauveur... Et puis, la pièce de monnaie portait l'effigie de César et le nom du gouvernement qui l'avait émise... Ainsi l'être humain quand il fut créé portait, lui aussi, l'image de Dieu et même si cette image a été ternie par mille désobéissances et mille rébellions, on en voit encore les traces. Tout comme le père du fils prodigue, Dieu désire serrer dans Ses bras chaque individu sur cette terre et faire apparaître en lui la beauté d'un cœur nouveau. Ainsi éduqué, l'enfant ne pourra pas faire autrement que de se rendre compte que les autres sont *ses semblables* et quels que avilis qu'ils soient, ils ont trop coûté au Ciel pour être traités avec froideur ou dégoût. Il comprendra obligatoirement la nécessité de travailler pour son prochain – et non de l'exploiter – afin qu'il puisse à son tour relever la tête et tendre les mains vers l'Éternel, le Dieu Créateur qui affirme et répète qu'Il ne fait acception de personne car il n'y a chez Lui « ni égards pour l'apparence des personnes, ni acceptation de présents ».

En fait une éducation par comparaison de supériorité ou d'infériorité manque de réalisme : Ce qui marque une différence entre les individus, ce n'est pas leur valeur – ils valent tous exactement le même prix, le prix du sang de Christ – mais leurs actes dont ils sont responsables... Car, vérité absolue et universelle qui englobe le monde entier dans une égalité totale, « on récolte ce que l'on a semé » ! C'est irréfutable. C'est incontournable. C'est certain, certain comme la loi de la gravité : Quand on lance un objet en l'air, il tombe toujours. Quand on sème le vent, on récolte toujours la tempête. À toute cause, il y a des effets. À tout acte, il y a des conséquences... c'est aussi sûr que le lever du soleil à l'est et son coucher à l'ouest, aussi sûr que la venue du printemps après l'hiver, aussi sûr que la tombée de la nuit après le jour... Cela vaut pour chaque être humain sur cette terre. Personne n'est une exception.

Cette leçon doit être apprise. Elle est un outil indispensable pour vivre, se battre contre soi-même et réussir, mais elle ne peut être assimilée que dans la mesure où un enfant correctement protégé, clairement éduqué, adéquatement discipliné, porte les conséquences de ses actes. Camoufler le comportement inadéquat d'un enfant, l'excuser, éponger ses bêtises, l'empêcher d'échouer, est aussi pernicieux et voué à la catastrophe que de vouloir sauter de haut et croire que l'on va s'envoler.

Un enfant doit savoir que s'il touche au feu, il se brûlera. C'est pour cela qu'il doit obéir à sa maman qui lui dit très sérieusement : Ne touche pas. S'il obéit, il ne se brûlera pas. S'il désobéit, il se brûlera. Il aura mal. Il pleurera. Il sera soigné. Il sera consolé mais il gardera une cicatrice, petite ou grande, plus ou moins invalidante. On ne peut pas toucher au feu sans se brûler.

Cet enseignement fondamental d'un rapport de cause à effet obligatoire, poussera l'enfant à l'obéissance et quand il aura désobéi, il le poussera à la gratitude parce qu'il pourra raisonner que les conséquences de ses actes mauvais auraient pu être plus graves... Il apprendra à ne pas blâmer les autres pour ses erreurs à lui et à désirer sincèrement être plus raisonnable.

Éduquer son enfant avec réalisme, c'est le saisir du fait qu'il est responsable de son prochain car il est son semblable. C'est aussi lui enseigner qu'il est responsable de ses actes en lui permettant l'expérience d'en porter chaque fois les conséquences. Il connaîtra ainsi les joies les plus pures de l'existence : celles de servir son prochain et celles de vaincre son « moi » après avoir ressenti le chagrin d'avoir perdu et raté et gaffé.

De l'espérance

Voilà, il est important d'éduquer un enfant à accepter les non et à s'y plier. Il est important de l'éduquer à tourner ses regards vers les autres et à les respecter. Il est tout aussi important de l'éduquer à regarder plus haut et à rechercher une espérance qui ne trahit pas.

Vous rappelez-vous ces questions : Une femme oublie-t-elle l'enfant qu'elle allaite ? N'a-t-elle pas pitié du fruit de ses entrailles ? Allons, c'est évident, une femme n'oublie pas. Mais... si, d'une façon exceptionnelle, le désir féminin devait faire naufrage, si pressée par l'angoisse, poussée par le désespoir, traquée par l'anxiété de ne pas être aimée, une femme devait oublier... Écoutez mamans, écoutez enfants : « Quand elle l'oublierait, Moi, Je ne t'oublierai point. Voici, Je t'ai gravé sur Mes mains »... C'est le Sauveur du monde entier qui parle ici et qui déclare que chaque enfant né sur cette terre, désiré ou pas, reconnu ou abandonné, est gravé dans les paumes de Ses mains clouées sur la Croix. Comment refuser à un enfant une telle légitimation, une telle reconnaissance, une telle affirmation ? Comment ne pas lui offrir le privilège de connaître un tel amour ?

C'est dur d'être un enfant... Bien sûr, c'est dur. Il n'est pas difficile de se rendre compte combien on est fragile, que c'est impossible de tout bien faire et que rien ne prouve qu'on finira pas réussir... Un enfant a besoin de certitude. Il a besoin d'encouragement. Il a besoin de bénédictions. C'est pourquoi, Celui qui les a gravés sur Ses mains dit à chaque maman sur cette terre : « Laissez venir à Moi les petits enfants et ne les en empêchez pas... » Pour grandir, pour se développer, pour prospérer, les enfants ont besoin d'espérance.

Le nid de son amour

La troisième priorité d'une femme aimée, c'est sa maison. Une femme aimée est une reine. Ses sujets sont ses enfants et son foyer, qu'il n'ait qu'une pièce ou qu'il en ait plusieurs, qu'il soit luxueux ou modeste, est son royaume. Elle doit donc régner sur lui. Veiller, garder, protéger, soigner, embellir ce petit coin de monde qui est sa responsabilité propre exige son attention, ses soins, son application, sa diligence, son temps... Et alors que la femme consacre ses talents, démontre son goût, emploie son ingéniosité et exerce son intelligence pour le transformer en un lieu attrayant et agréable pour toute sa famille, son domaine devient le reflet de sa personnalité, l'expression de son bonheur. C'est le nid de son amour.

Plus l'hostilité règne au dehors, plus une femme doit s'efforcer de faire de sa maison un refuge où les siens peuvent chaque soir se retrouver en sûreté. À cette fin elle en bannit les images troubles, les sons discordants et les gestes violents et elle installe à leur place la simplicité, la paix et le bonheur que procurent de bonnes conversations, de bonnes lectures, l'écoute d'une bonne musique, la pratique de travaux utiles, la préparation de bons repas sains, la contemplation des beautés de la nature.

Une femme aimée dirige sa maison. Elle y fait la loi et en établit les règlements. C'est normal : Elle est responsable de ce qui se passe dans ses frontières et ne peut fermer les yeux ni jour ni nuit. Elle a des enfants à protéger et ce n'est pas une mince tâche que de les mettre à l'abri de tous les abus qu'ils peuvent subir de leur naissance à l'âge adulte : jouets qui les incitent à la violence, livres qui les poussent au dévergondage, chansons qui les précipitent dans le désespoir, films qui les installent dans la peur de vivre, amitiés qui les exploitent et quoi encore ?

Pour mener à bien cette tâche, une femme a besoin de compétence. Guider et instruire ses enfants, s'occuper des soins du ménage, exigent qu'elle s'initie à la pédagogie, à la physiologie du corps humain et aux principes de l'hygiène, à tout ce qui touche à la diététique et au vêtement, au travail et aux loisirs et autres disciplines qui concernent la bonne marche de son foyer. C'est aussi son droit de chercher à obtenir une connaissance des meilleures méthodes de traitement des maladies afin de pouvoir soigner ou faire soigner convenablement ses enfants lorsqu'ils ne se portent pas bien. Cela demande du dévouement, mais une femme aimée est toujours une femme d'intérieur. Occupée aux soins domestiques, elle se plaît à rendre son chez-soi beau, propre et attrayant, un lieu où il fait bon séjourner, se reposer et revenir. Après tout, il est sa meilleure carte de visite.

Quand une femme ne fait pas connaître dans la rue, au marché et au travail son identité de maîtresse de maison (et donc d'épouse et donc de mère), elle passe incognito.

C'est alors qu'il est facile de se permettre à son égard des familiarités plus ou moins désagréables: On commence par la tutoyer puis on l'appelle par son prénom et bientôt on se permet de la harceler... Comme une célébrité qui affiche l'anonymat en se cachant derrière des lunettes noires, une femme qui tait son appartenance, ne peut pas recevoir le respect auquel elle a droit. La crainte paralysante de n'être personne l'envahit bientôt. Elle se sent désertée. Elle n'ose exercer son autorité. Elle craint d'avoir des exigences. Elle oublie qu'elle porte des responsabilités... Elle se désintéresse de son poste. Or, qui ne le sait? si une maison est divisée contre elle-même, cette maison ne peut subsister. Une femme doit donner son allégeance à sa maison, d'abord pour la construire puis pour qu'elle ne tombe pas...

Une femme sans maison, c'est une reine sans domaine. Une femme en dehors de sa maison, est une reine en exil. Et impossible pour elle d'imaginer régner ailleurs: Elle n'est pas chez elle.

Une femme aimée a besoin de sa maison et sa maison a besoin d'elle.

Quand la coupe est pleine...

La quatrième priorité d'une femme aimée, c'est son travail. Comment une femme aimée pourrait-elle manger le pain de paresse quand l'amour donne de l'envergure à l'intelligence, quand il affermit les bras, quand il ceint de force les reins? Le cœur de son mari a confiance en elle. Ses enfants la disent heureuse. Elle veille sur ce qui se passe dans sa maison. Alors... parce que ses possibilités sont grandes, bien ancrée dans l'amour et habitée par la décision de consolider son domaine, elle travaille d'une main joyeuse. Le poème dit: Elle est comme un navire marchand. Elle amène son pain de loin. Elle se lève lorsqu'il est encore nuit et elle donne la nourriture à sa maison et la tâche à ses servantes. Elle pense à un champ, et elle l'acquiert; du fruit de son travail, elle plante une vigne. Elle sent que ce qu'elle gagne est bon. Elle se fait des couvertures. Elle a des vêtements de fin lin et de pourpre. Elle fait des chemises, et les vend, et elle livre des ceintures au marchand...

Comment une femme aimée pourrait-elle manger le pain de paresse quand l'amour de son mari, l'amour pour ses enfants et l'amour envers sa maison la poussent?

Comment pourrait-elle s'empêcher de consacrer les forces qui lui restent, après que tout ait été mis en ordre chez elle, et de partager ses talents, quand les besoins d'un monde en carence d'amour la pressent?

La femme aimée tend la main aux malheureux. Elle tend la main aux indigents. Elle ouvre la bouche avec sagesse et des instructions aimables sont sur sa langue. Ces activités symbolisent tous les métiers qui permettent l'épanouissement de la femme car ils sont l'expression maternelle du désir féminin, de cette capacité prodigieuse d'aimer qu'une femme possède *quand* elle est aimée. Oui, une coupe pleine déborde toujours...

C'est ainsi que le désir féminin, prenant pour point d'appui les priorités de l'amour, est un levier qui enlève la haine. Une femme femme bénit le monde et le monde la bénit. Elle a bien plus de valeur que les perles. Elle sera louée aux portes. Elle sera récompensée du fruit de son travail.

4

Se comprendre pour mieux aimer

DEVENIR un adulte, c'est mettre fin à ce qui est propre à l'enfant. C'est cesser d'être, de parler, de penser et de raisonner comme un enfant... La seule chose qu'un adulte peut et doit garder de l'enfance, c'est un cœur de petit enfant par rapport à la méchanceté, mais quant au jugement, il doit être un adulte. Or il n'y a pas de maturité possible en dehors de l'acceptation que l'autre est différent de soi et de la réalisation que ses différences ne sont pas des obstacles mais des tremplins pour peu qu'on en aperçoive le sens et la perspective. C'est là l'objet de l'étude éclairée des tempéraments : Se comprendre et comprendre l'autre pour mieux l'aimer. Car comprendre, c'est aimer.

Les tempéraments et la santé

Au début des années 60, Rosenman et Friedman deux médecins, publiaient les résultats de leurs observations sur la cardiopathie ischémique (maladie de cœur causée par une insuffisance de la circulation du sang dans cet organe) et ils affirmaient que les individus, hommes ou femmes, jeunes ou âgés, affectés d'un tel problème présentaient *tous* une forme de comportement bien particulière et évidente qu'ils ont nommé « type A ».

Les caractéristiques du « type A » sont un goût urgent, agressif et soutenu de réussite, d'avancement et de reconnaissance, une tendance persistante à s'impliquer dans de multiples activités au travail et en dehors du travail, le sentiment d'être constamment pressé par des dates limites. Le « type A » vit donc avec une impression chronique de l'urgence du temps ce qui l'amène à la tendance ou au besoin habituel d'accélérer le rythme d'exécution de ses fonctions physiques et mentales. Un esprit de compétition et la volonté de gagner soutiennent le « type A » et lui donnent une très grande vivacité de pensée et d'actions. Les hommes et les femmes de « type A » ont des taux de cholestérol beaucoup plus élevés, une coagulation sanguine plus rapide, une incidence plus élevée d'arc sénile (infiltration de graisses dans la cornée de l'œil), une incidence plus grande d'hypertension et quatre à sept fois plus de maladie coronarienne que des sujets de « type B » placides, dépourvus d'agressivité et d'ambition excessive, satisfaits d'être « moyens » et ayant par ailleurs sensiblement les mêmes habitudes alimentaires et de consommation d'alcool et de tabac.

Le « type A » se reconnaît par sa façon souvent explosive et parfois violente de s'exprimer, le rythme accéléré de ses discours, l'agressivité du timbre de sa voix dès qu'il parle de quelque chose qui lui tient à cœur. Le « type B » conserve en général un ton placide, une voix mielleuse et dépourvue d'accents nerveux. Le « type A » se réveille en présence d'un défi à relever et l'envie de gagner le stimule. Une hostilité latente semble l'habiter et il est agacé par des conversations vagues et sans but précis. Il manifeste alors de l'irritation et son impatience par des tics, des mouvements du corps nerveux et un rythme de respiration saccadé.

En général, le « type A » se fixe son propre rythme d'activité et il ne supporte pas d'avoir à se conformer au rythme de quelqu'un d'autre. Il n'aime pas faire la queue et il ne craint pas de manifester son mécontentement. Quand il travaille et quand il joue, c'est pour gagner, et il raffole de la compétition. Il a la trempe d'un directeur, d'un chef, d'un patron, d'un président, d'un administrateur. Le « type A » vit sous un stress psychologique chronique qui l'amène en général à poursuivre ses études ou sa formation aussi loin qu'il peut alors que le « type B » se contente d'avoir tout juste ce qu'il lui faut pour fonctionner normalement[1, 2, 3, 4, 5, 6, 7].

L'attraction des contraires

À partir des années 70, ces données devaient être reprises par des psychiatres et des psychologues pour être organisées de façon plus cohérente et servir d'outils à tous ceux pour qui connaître la nature humaine est impérieux. Le grand public n'entend pas parler de « type A » et de « type B », appellations réservées à la médecine, mais d'extravertis et d'introvertis, de passifs et d'actifs, de pessimistes et d'optimistes, d'antipathiques et de sympathiques, de chefs et de seconds, de faibles et de forts... Dans une telle optique, l'humanité est divisée en deux groupes différents, opposés mais complémentaires, on pourrait dire « équilibrants ».

Dans les années 80, le Dr Ross Campbell, psychiatre, auteur de deux best-sellers internationaux sur le besoin d'amour inconditionnel chez l'enfant[8] et chez l'adolescent[9] et fort de plus de 25 ans de pratique médicale, révélait à son vaste public que ce qui détermine le plus puissamment, le plus profondément, le plus intensément la personnalité humaine, est sa façon de réagir à un phénomène universel : l'autorité. Or d'affirmer le Dr Campbell, comme il n'y a que deux façons instinctives de réagir à l'autorité – on s'y soumet ou on la défie –, il n'y a aussi que deux tempéraments.

Le Dr Campbell appelle le tempérament qui se soumet à l'autorité parce qu'il veut à tout prix plaire, le tempérament « 25 », et celui qui défie l'autorité parce qu'il veut n'en faire qu'à sa tête, le tempérament « 75 ». Pourquoi ces chiffres ? Selon lui, environ 25 p. 100 des individus sur cette terre naissent avec en eux cette tendance à se soumettre à l'autorité et à vouloir la paix envers et contre tout, alors qu'environ 75 p. 100 des individus naissent avec en eux le besoin de défier l'autorité et d'avoir raison envers et contre tout.

Un bref survol de ces deux tempéraments nous révèle que le tempérament « 25 » se croit toujours personnellement responsable de ce qui ne va pas quelque part. Il fait énormément de remords et il est normal pour lui de se sentir coupable dans n'importe quelle situation, peu importe ce qu'il a fait ou n'a pas fait. Ses sentiments de culpabilité sont intenses, profonds et souvent torturants et ce sont eux qui l'amènent à vouloir tout bien faire afin de ne pas être trouvé en défaut et d'avoir à supporter le blâme et les reproches. Ce tempérament est un perfectionniste car il a une très grande conscience de son devoir et de ses responsabilités.

Le tempérament « 75 » croit toujours que ce sont les autres qui sont responsables des problèmes de sa vie. Il ne fait donc pas de remords. Il cherche plutôt à se venger et à faire payer « ça » aux autres. En réalité, quand quelque chose ne va pas, le tempérament « 75 » en veut aux autres alors que le tempérament « 25 » s'en veut à lui-même.

Dans la profondeur du cœur

Vus sous ces angles, les tempéraments étudiés et décrits, sont facilement non seulement désagréables et irritants mais aussi irréconciliables et incompatibles. Cherchons à aller plus loin, à dépasser les apparences et les comportements extérieurs. Ces deux attitudes humaines ne pourraient-elles pas être chacune l'expression d'un sentiment particulier, intime, congénital, indestructible mais modifiable à des degrés divers et de diverses façons ? Pensons un peu. Un individu qui naît avec une prédisposition à se déprécier lui-même peut-il en aucune façon ressembler à un individu qui naît avec une prédisposition à s'exalter lui-même ? Alors qu'un seul mot de désapprobation réussira à bouleverser le premier, tout un discours de reproches arrivera à peine à émouvoir l'autre. Alors que le premier aura toujours l'impression, malgré une très grande application, de n'avoir pas tout bien fait ou de ne pas en avoir fait assez, le deuxième conservera l'illusion que ses contributions les plus parcimonieuses auront été indispensables. Oui, il y a des individus qui ont une piètre estime de soi et il y en a qui ont une grande estime de soi. Eux seuls le savent. Eux seuls sentent leur « petit moi » se contracter ou leur « grand moi » se dilater sous le vent brûlant de l'anxiété ou de la colère...

Obtenir et conserver une juste estimation de sa personne n'est pas un phénomène spontané mais le résultat d'une éducation quotidienne basée sur l'amour inconditionnel. L'encouragement amènera un « petit moi » à découvrir que malgré ses craintes et ses doutes, il est quelqu'un qui a une valeur inestimable alors qu'une éducation basée sur l'amour inconditionnel manifesté dans beaucoup de respect amènera un « grand moi » à comprendre que malgré ses prétentions, il n'est pas le centre du monde mais qu'il est tout simplement aussi bon et aussi mauvais que les autres...

Hélas ! pour la très grande majorité des enfants, l'éducation qui doit viser à redresser leur moi et à l'amener vers l'équilibre n'a pas eu lieu. C'est ainsi qu'une multitude d'individus arrivent à l'âge adulte et au seuil du mariage avec un moi qui a été aggravé ou franchement déséquilibré par leur manque d'éducation et d'amour[10].

Un « petit moi » abîmé par l'anxiété

Imaginez un bébé arrivant au monde avec le sentiment secret qu'il n'est pas vraiment nécessaire... qu'on pourrait se passer de lui... que s'il ne venait pas, personne ne perdrait rien...

Écoutez-le lancer son premier cri à la vie. Regardez-le jeter son premier regard à la vie. Voyez-le prendre sa première gorgée de vie. Tout son être croit qu'il n'y a pas droit. Toute son âme doute qu'il en soit digne. Tout son esprit se désespère de ne jamais la mériter.

Son besoin d'être rassuré, encouragé, entouré est immédiat et urgent. Alors, si, à cet instant critique, et désormais, cet enfant, dans une voix, dans des yeux, dans un sein de femme peut rencontrer la sécurité que donne un amour inconditionnel, son cœur sera à jamais inoculé par une semence qui, progressivement, étouffera ses sentiments négatifs[11].

Sous les caresses répétées de la douceur, de la tendresse, du réconfort, la crainte de déplaire deviendra de la gentillesse, de la prévenance ; la peur d'être de trop deviendra de la réserve, du tact, de la discrétion ; l'effroi d'être laissé-pour-compte deviendra de l'humilité.

Par contre, si, à ce moment vital, et désormais, encore tout imprégné du stress du labeur de sa mère, il est arraché, séparé, isolé de cette source d'amour, l'empreinte de ses sentiments profonds se durcira. Et peu à peu, en face de l'indifférence, du silence ou de l'abandon, la crainte de déplaire deviendra l'obsession de plaire ; la peur d'être de trop deviendra la hantise de se faire accepter, l'effroi d'être laissé-pour-compte deviendra la manie de vouloir toujours tout diriger.

Après des années d'attente silencieuse et de soumission, après avoir été tant accommodant et docile, après avoir tant espéré et soupiré et désiré d'être aimé, privé de regards tendres, privé de gestes affectueux, privé d'attention soutenue, suivie et persévérante, un « petit moi », un jour, n'aura plus la force de repousser les doutes qui, depuis longtemps, ont cherché à l'envahir... L'évidence l'ayant convaincu qu'il n'a vraiment pas d'importance, il va se mettre subtilement puis de plus en plus violemment, à repousser l'amour... Car pour se laisser aimer, il faut avoir le sentiment que l'on est digne d'être aimé.

C'est ainsi qu'un cœur timide, doux, fragile, tendre, assoiffé de tendresse, d'encouragement et d'approbation se transforme au fil des ans en un cœur torturé par l'anxiété d'être aimé, défiguré par la dépression de ne pas l'avoir été et noyé d'insécurité. Quand pour naître dans une âme, l'amour a besoin de confiance, l'anxiété, la dépression et l'insécurité sont tout simplement meurtrières. Elles assassinent les impulsions normales vers le don de soi. Elles verrouillent l'esprit et l'empêchent d'accepter l'autre comme il est. Elles travestissent l'amour avec des si et des mais qui le rendent impossible.

Le mélange amère du doute de sa valeur et du sentiment de ne pas avoir été aimé provoque dans l'esprit humain une tragique insécurité qui devient le moteur de toutes les actions et réactions d'un « petit moi » : Il languit de recevoir de l'attention, d'acquérir la gloire, d'être une réussite, de connaître le succès. Le besoin d'être remarqué, applaudi, flatté, approuvé, acclamé le pousse impitoyablement vers le haut pour le précipiter cruellement dans le désespoir chaque fois qu'après avoir tant essayé de gagner, il connaît un échec. Dévoré par l'illusion et la tyrannie du perfectionnisme, il n'est jamais satisfait ni avec lui-même ni avec les autres.

Un « petit moi » se transforme ainsi assez rapidement en un robot à trois commandes : Pousser. Gagner. Se surpasser. La compétition devient sa façon de vivre : C'est réussir ou mourir. Écartelé entre deux ultimatums aussi puissants et sérieux, un « petit moi » lutte en réalité avec acharnement pour tout simplement survivre à l'anxiété et à la dépression qui l'envahissent et le martyrisent. Toutefois, il le cache habilement sous des sourires généreux et une attitude qui semble respirer la confiance, le succès, la moralité et tout ce qu'il faut pour passer pour quelqu'un de bien, de vraiment bien, de tout à fait bien, de parfaitement bien... Il est très correct dans sa conduite, obéissant, propre et bien mis, excellent étudiant, bon employé, bon organisateur, ponctuel, très observateur, exécuteur habile. Mais alors qu'à l'extérieur, il affiche de l'assurance et de la détermination, à l'intérieur, un « petit moi » vit dans le brouillard de l'anxiété : Il est têtu, soucieux de tout, tendu, inquiet, incapable de supporter la moindre critique tout en étant très critique des autres ; il se plie à des règles très strictes pour cacher son incertitude ; il ne supporte pas d'être blâmé pour ses erreurs ; il veut qu'on le croit parfait ; il est avare de sa personne, de son temps, de son argent ; il doute constamment de sa propre valeur.

Un « petit moi » sait dans son cœur qu'il n'est pas ce qu'il essaie de faire croire aux autres. Le remords le laboure. Il se prend en dégoût... et, ou il se laisse aller à la dépression que lui imprime ce sentiment désastreux, ou il cherche à le combattre en se lançant constamment des défis monumentaux qui le transforment en un déchaîné du travail, des études, des activités sportives ou culturelles, des loisirs, des œuvres de charité et quoi encore ? La peur et même la phobie de l'échec peuvent le maintenir tour à tour dans une inertie complète ou dans une lutte acharnée pour être le premier, le meilleur, le plus grand, le plus intelligent, le plus riche, le plus... Il se sent menacé par tout et par tous et il se place lui-même en compétition avec tout et tous.

Un « petit moi » lorsqu'il est ainsi déséquilibré a énormément de difficulté à établir des priorités qui favorisent l'amour. Quand on ne mesure sa valeur qu'à sa réussite sociale et matérielle, quand le succès est devenu le critère de l'estime qu'un individu peut se porter, quand triompher est le seul moyen de se croire digne d'être aimé, il est impossible de faire de l'autre, autre chose qu'un rival... Prendre, et non donner et recevoir, devient le mobile de la vie. On se met à servir l'argent... Or, quand on n'a pas de temps pour l'amour, l'amour ne reste pas...

Un « petit moi » a également énormément de difficultés à jouer son rôle en amour. Certes, il s'accroche facilement aux autres parce qu'il ressent d'une façon aiguë ses manques, mais en même temps, parce qu'il se dénigre tant, il ne s'abandonne pas facilement à l'amour. Il n'abdique pas. Il ne cède pas. Il craint de n'être plus personne. Il a peur d'être envahi, étouffé, piétiné. Il reste alors souvent farouchement sur ses retranchements tout en cherchant à se convaincre qu'il a raison de se méfier. Il provoque des situations de crise. Il fait du chantage, se rend pitoyable (« pauvre petit moi... pauvre petit moi... »), profère des menaces et se rend aussi odieux que possible.

Un « petit moi » déséquilibré par le manque d'amour a le rejet de l'autre très facile. Pour un homme, il est difficile d'aimer ainsi. Un tel « petit moi » aussi, veut mener. Il veut contrôler. (Il est tellement inquiet.) Il ne supporte pas de laisser à l'autre l'initiative. Pour une femme, il est difficile d'être aimée ainsi... Le remords qu'imprime au cœur d'un « petit moi » le sentiment qu'il n'aime pas parce qu'il sait combien il repousse l'autre ou combien il le manipule, l'amène à désirer l'échec de la relation amoureuse. Soulagé, il dira alors : « J'avais bien raison. Je ne vaux rien. Personne ne m'aime. »

Le désir féminin exprimé par un « petit moi » qui a été ébranlé par les coups de l'indifférence, de l'exploitation, du renversement des rôles ou du rejet, devient cette incapacité de certaines femmes à vivre dans le présent. Même au sein d'une relation amoureuse stable, elles n'arrivent pas à acquérir le sentiment qu'elles ont enfin atteint leur destination. Non, elles conservent l'angoisse qu'elles sont en transit. Elles sont incapables de se détendre et elles continuent à actionner les leviers de leur motivation interne : Pousser... mais qui ? Gagner... mais quoi ? Se surpasser... mais comment ? Elles vivent dans l'avenir... Or, comme l'avenir n'appartient à personne et que, malgré toutes les prétentions contraires, nul ne le connaît si ce n'est Dieu, elles sont hantées par un tourment constant dont témoignent leur hypertension, leurs ulcères, leurs palpitations, leur épuisement et leurs autres complications émotionnelles et spirituelles. Elles ont peur. Elles sont constamment sur le qui-vive. Elles vivent à l'ombre de leur défaitisme. Elles ne croient pas à la possibilité de l'amour pour elles.

Pour ces femmes, la crainte imaginaire de ne pas être aimées tout à l'heure ou demain ou dans un an ou lorsqu'elles seront ménopausées prend la forme d'une menace réelle *maintenant*. Sans savoir pourquoi, elles ressentent une angoisse et une tension profondes et pourtant le présent ne leur donne pas d'indices précis. Elles ont cependant l'impression d'être en danger et elles luttent ! Elles frappent le vide. Le péril est fictif mais la lutte est indubitable et sans leur permettre le moindre répit, elle les abat, elle les épuise, elle les accable et les laisse prostrées. L'anxiété donne au présent des femmes qui ont peur de ne pas être aimées demain, un effet de flou en le noyant d'inquiétude et de préoccupations. C'est comme si, à chaque tournant de leurs pensées, surgissait le spectre d'une catastrophe imminente, d'un désastre irréparable.

L'anxiété superpose un avenir hypothétique sur le présent. L'anxiété, c'est la peur que quelque chose, quelque part, un jour, ne marche pas... Ce sentiment lorsqu'il dure assez longtemps affecte le corps et le détraque : L'insomnie, le manque de concentration, des maux de dos, de tête, de poitrine, d'estomac et de ventre viennent compliquer la douleur morale et malheureusement lui donner un air de vrai, vrai.

Une femme au « petit moi », à ce moment-là, va chercher à se débarrasser de son anxiété. Elle emploiera divers moyens les uns après les autres et parfois tous en même temps. Elle niera sa souffrance ou la combattra par la pensée positive. Par moment, elle la maîtrisera par la volonté mais la plupart du temps, elle l'anesthésiera en fumant à la chaîne, en buvant tous les jours, en prenant du café en quantité, en mangeant du sucre constamment, en touchant aux drogues. Elle peut arriver ainsi à dompter le tigre qui rauque dans son esprit, mais sous le coup du remords et des effets de la dépendance que lui inflige l'usage de ces substances pernicieuses, elle réveille le lion qui sommeillait dans son cœur et bientôt, à la phobie de ne pas être aimée demain, répond l'horreur de ne pas l'avoir été hier. Alors cette superposition du passé sur le présent, l'arrache à son anxiété pour l'immobiliser dans la dépression. Elle est maintenant prête à reconnaître que sa crainte de ne pas être aimée dans l'avenir est surfaite mais comment chasser la certitude qu'elle n'a pas été aimée dans le passé ?

La projection dans l'avenir et le plongeon dans le passé, sans pitié, noient un « petit moi » dans l'insécurité. Et peu à peu, il acquiert la certitude d'être traqué, qu'il ne s'en sortira pas ; qu'il n'arrivera jamais à se détendre et à être heureux. Il se résigne à la médiocrité, refuse l'amour et se replie sur lui-même. Il a atteint le point critique de sa vie et tandis qu'il va généralement continuer à être un perfectionniste dans sa vie professionnelle, dans sa vie privée, il se laisse aller aux pires dérèglements.

Un jour, cependant, bourrelé de remords, macéré de honte, il voudra crier au monde entier qu'il n'est personne, qu'il n'aime personne, que personne ne l'aime et que c'est assez de souffrir et de faire souffrir. Pour un « petit moi » chez qui le sentiment de ne pas avoir de valeur n'a pas pu être effacé, l'anéantissement lui paraît être l'unique solution à ses tortures. Il se déteste. Il se dégoûte. Il veut se détruire. Il n'a plus envie de vivre et dans un ultime défi à l'amour, il peut culbuter dans la folie ou dans le néant...

L'anxiété, ou la peur de ne pas être aimé demain, entraîne à des degrés divers, un déséquilibre biochimique dans le cerveau. La dopamine, par exemple, est un neurotransmetteur dont le taux, sous l'effet d'un stress trop prolongé, s'élève anormalement. La dopamine est alors responsable d'un comportement schizoïde dans lequel un individu se met à avoir des hallucinations et à décrocher de la réalité. Embrouillé, incohérent, il se construit un monde à lui et y demeure de longues périodes de temps, fixant le vide, sans expression, sans émotion[12].

La dépression ou l'horreur de ne pas avoir été aimé hier entraîne également un déséquilibre biochimique dans le cerveau. Chez une personne dépressive, la norépinéphrine atteint un niveau très bas. Cela l'amène à ressentir une immense souffrance morale accompagnée d'une immense haine de soi[13]. Le cœur féminin l'a toujours su : Chaque désespoir sur cette terre est un hurlement à l'amour qui n'a pas été donné ou à l'amour qui n'a pas été reçu.

À chaque jour suffit sa peine

Il faut s'en sortir. On peut s'en sortir. Pour un « petit moi » englouti par l'anxiété et la dépression dans l'insécurité, l'unique moyen de s'en sortir est de prendre la résolution énergique de finalement *vivre au présent.* Ce tempérament si facilement anxieux doit décider de repousser les frontières du passé et il doit décider de repousser les frontières de l'avenir car, en se resserrant sur lui comme un étau, elles l'empêchent de respirer aujourd'hui. Il doit choisir de donner toute la place à l'actualité et de s'agripper à la réalité du moment qu'il vit.

Une telle décision permettra à un « petit moi » d'apprendre à reconnaître les signaux de l'anxiété : maux de tête, insomnie, taches rouges sur le cou ou la poitrine, fatigue extrême ou sentiment d'épuisement total, diarrhée ou constipation soudaine, transpiration excessive, douleurs localisées toujours au même endroit et survenant cycliquement... Ces symptômes sont une sonnette d'alarme et ils soulignent que l'individu qui les subit est en train d'aller à la dérive. Il faut alors s'arrêter, réfléchir et se dire : « Tu fais du stress. Qu'est-ce qui t'angoisse ? » Après un examen sérieux et un aveu honnête, il sera obligatoire de remettre immédiatement tout en perspective et de s'accrocher une fois de plus au présent et à la réalité

Oh ! femmes timides ! femmes inquiètes, acceptez-le : Le passé n'est plus. L'avenir n'est pas. L'amour est au présent ! Et vous le savez, car le cœur féminin demande toujours : « Tu m'aimes ? » et si la réponse vient : « Je t'aime », que peut-il vouloir de plus? Le vrai bonheur pour une femme, c'est d'être aimée maintenant. Pour recevoir l'amour qu'un homme veut lui donner, une femme doit être ancrée dans le temps qu'ils habitent ensemble, dans le temps qu'ils habitent tous les deux, et ce temps est aujourd'hui.

Un « grand moi » figé par la colère

Il y a des gens qu'on ne peut pas démonter. Rien ne les abat. Rien ne les arrête. Même quand ils touchent au fond de la misère, ils ont encore du ressort et après deux silences et trois soupirs, ils sont à nouveau sur pied, prêts à foncer, les poings et les dents serrés. Inscrite au plus creux de leur cœur, ils ont une conviction inébranlable, inflexible, indomptable : Ils sont quelqu'un et personne ni quoi que ce soit ne leur fera croire le contraire.

Tempérament sympathique, normalement peu compliqué, assez bon enfant, un « grand moi », en général, ne fait pas parler de lui. Il est secret. Il n'aime pas s'ouvrir ni étaler ses sentiments. Il possède une assurance naturelle qui lui permet d'être bien dans sa peau et sans véritable complexe.

Un « grand moi » naît avec le désir de tout remettre en question. Il a en lui de la bravoure et un puissant esprit de bravade. Il est courageux, entreprenant, capable d'originalité. Il sait ce qu'il veut et la plupart du temps, il peut ce qu'il veut. C'est ce qu'on appelle couramment une forte personnalité. Il inspire la confiance. Il n'a pas peur de prendre des risques. L'inconnu ne l'effraie pas. C'est un aventurier. C'est un novateur. Il a besoin de poser des questions et d'obtenir des réponses qui satisfassent son esprit, sa logique, son bon sens.

Un « grand moi » ne fait pas de remords – il est tellement sûr d'avoir toujours raison – et de plus, il n'a pas d'angoisses primordiales. Sentimentalement, il n'est pas exigeant. Son réservoir affectif ne se vide pas vite et il se remplit facilement. (Un « petit moi », tout au contraire, a un réservoir percé !) Un simple sourire, une bonne poignée de main, un mot gentil suffisent pour le gonfler à bloc et lui permettre de conserver la très grande confiance qu'il a en ses capacités. Il n'a pas besoin de beaucoup d'approbation. Tant qu'il a l'assurance qu'au moins une personne dans ce vaste monde croit en lui, en réalité tant qu'il sait que quelqu'un, quelque part a de lui la même opinion que lui, il est capable de passer par-dessus beaucoup d'affronts, d'injustices et d'insultes. L'opposition ne le décourage pas trop et jamais pour très longtemps.

Posséder l'assurance extraordinaire que donne le sentiment d'être aimé et accepté communique à un « grand moi » la capacité d'offrir un jour une qualité d'amour rare : un amour qui donne sans rien attendre en retour, capable de générosité, capable de fidélité. Il est important de comprendre que la très grande confiance dans ses qualités personnelles que s'accorde un « grand moi » l'amène à ne pas avouer spontanément son besoin de l'autre, mais quand il a décidé d'aller vers l'autre, ce n'est pas parce qu'il ressent un manque mais parce qu'il a un surplus. L'amour lui grossit le cœur et il ne peut pas envisager de garder tout ça pour lui tout seul... Il veut partager. Il veut donner. Aimer devient pour lui un privilège et à la tendresse, il mêle beaucoup de reconnaissance. C'est comme si l'autre lui faisait une faveur en lui permettant de le chérir et de l'entourer... Quand un homme est doué d'un tel tempérament, il est favorisé dans son rôle d'homme et on peut dire qu'il le joue presque spontanément. Par contre quand une femme est ainsi gratifiée, elle a tendance à être très maternelle dans ses relations amoureuses au point de taire son besoin de femme qui est de recevoir l'amour d'un homme. Elle est cependant très patiente et très indulgente, ce qui ne nuit en aucun cas à l'amour. Elle ne se froisse pas vite, elle passe par-dessus beaucoup de tracasseries et prend du temps à se formaliser.

Un « petit moi » est par nature grégaire : Il a tant besoin d'encouragement et donc des autres ! Un « grand moi », au contraire, est un individualiste. Son attitude d'esprit favorise l'initiative et la réflexion individuelle ainsi que le goût de l'indépendance. Son plus grand besoin est tout simplement le respect. Il a l'amour-propre susceptible et autant il peut avoir le dos large, autant il y a des choses qu'il n'accepte pas. Alors qu'un « petit moi », parce qu'il doute de sa valeur, n'arrive pas à croire qu'il est aimé et cela souvent même en présence de l'évidence contraire, un « grand moi », parce qu'il est sûr de sa valeur et qu'il a de la difficulté à croire que quelqu'un puisse ne pas avoir la même conviction que lui, réussit toujours, d'une façon ou d'une autre, à se consoler et à se convaincre qu'il est aimé... Par contre, devant la dureté, le manque de compréhension et l'indifférence envers ses aptitudes répétés, il se sent insulté. Un « grand moi » n'a aucune immunité contre le mépris. Sa dignité est pour lui ce qu'il a de plus précieux – il *est* quelqu'un ! – et il ne supporte absolument pas que l'on se moque de lui en doutant de ses bonnes intentions.

Petit enfant, un « grand moi » est remuant, enjoué, effronté et frondeur. Il a la manière de toujours tout faire tourner autour de lui, de ramener tout à lui, de monopoliser toute l'attention. N'étant pas peureux ni craintif, il fait plein de bêtises et il est constamment en train de défier les règles : D'une part, il ne voit pas le danger et d'autre part, il est sûr qu'il va toujours s'en tirer indemne. Un tel enfant peut facilement énerver un parent anxieux ou très rigide qui cherchera alors à le maîtriser par la force. Or pour qui veut, il n'est pas très dur d'être plus fort qu'un enfant... et de le faire marcher droit et filer doux avec des coups, des mots blessants et des menaces. Un enfant au « grand moi » apprendra à se soumettre mais il le fera en apparence seulement. De toute façon, cela ne le dérange pas car le sentiment qu'il est quelqu'un est tellement grand chez lui qu'il peut se permettre de faire semblant... et alors même qu'il cède pour un temps aux punitions, aux châtiments et aux sanctions, il hurle dans son cœur : « Je plie mais je ne romps pas ! ».

Ce n'est pas que cet enfant se révolte contre la discipline et les corrections. Non ! Il sait bien qu'il est rebelle et que la plupart du temps ses bêtises sont calculées et voulues de lui. Il est assez intelligent pour comprendre qu'il a besoin d'être repris et le souhaiter... mais pourquoi tant de dureté ? Pourquoi tant d'intransigeance ? Pourquoi tant d'intolérance et de rigueur ? Pourquoi ces soupçons contre sa personne ? Comment peut-on croire qu'il est méchant ? Voyez... un individu qui a un « grand moi » ne croit pas qu'il est mauvais et ce qu'il supporte le moins, c'est que l'on puisse croire qu'il est vraiment méchant... Non, il est gentil, ça ne paraît pas, d'accord, mais lui, il le sait, il est gentil... et quand on est ainsi dur envers lui, on attaque son estime personnelle, on blesse son ego, on démolit la structure même de son être, et ça, non, il ne l'accepte pas.

La dureté du cœur plus que la brutalité des actions offusque un « grand moi ». Le sentiment que ce n'est pas juste devient pour lui un réflexe conditionné qui l'amène à lutter, à réagir, à se durcir. « Ce n'est pas juste ! » Plus on le méprise, plus il se protège par une résistance intérieure. « Ce n'est pas juste ! » À chaque accusation ou insinuation, un monstre hideux se réveille dans son esprit irrité. « Ce n'est pas juste ! », hurle la colère... « Ce n'est pas juste ! » C'est comme cela qu'un être sympathique se transforme en un être insensible, impossible et finalement, intouchable. La critique acerbe l'a congelé.

Oui, la dureté de cœur fige un « grand moi » dans la colère, mais ce n'est pas tout : Une trop grande faiblesse, de la mollesse ou le désintéressement font la même chose, par les mêmes mécanismes. Un « grand moi » a une haute opinion de lui. Il n'est pas n'importe qui et il aime se mesurer aux autres pour juger de leur valeur. Il cherche des figures d'autorité qu'il pourra admirer parce qu'il aura la fierté de dire qu'elles ont, mais elles seules, réussi à le faire céder. Certes, il n'y a pas un enfant sur cette terre qui est heureux lorsqu'il se sent plus intelligent, plus sage ou plus fort que ses parents ou ses professeurs et encore moins quand il croit en avoir la preuve parce qu'il finit toujours par avoir sa volonté et n'en faire qu'à sa tête. Constater que son parent abdique devant ses cris, son obstination ou sa ténacité, donne à un « grand moi » le sentiment qu'il est non seulement abandonné à lui-même mais aussi, mais surtout, méprisé. De plus, livré à lui-même, que peut un enfant faire, sinon des erreurs ?

Un « grand moi » qui a été battu, psychologiquement ou physiquement, ou qui a été laissé sans surveillance et sans discipline, arrive à l'âge adulte plein de rage. Il a toujours le sentiment d'être quelqu'un mais toutes les bêtises, tous les affronts, tous les désordres qu'il a faits et provoqués, ont progressivement attaqué sa confiance en lui. Il s'est ainsi mis à vivre au-dessus d'un nuage d'incertitude, de doute et de dégoût de soi qu'il cherchera à compresser en se disant que tout cela « ce n'est pas juste ! », car c'est de la faute des autres. Un « grand moi », en colère parce qu'il se sent méprisé, en dépression parce qu'il se met à avoir des doutes sur son bon cœur, devient toujours agressif... Il faut qu'il décharge sa colère, il faut qu'il soulage sa dépression et il va le faire en agressant quiconque se trouve sur son chemin.

La colère dans le cœur d'un « grand moi » est une force de destruction inouïe. Ce tempérament a un sens aigu de sa valeur et de ses besoins en tant qu'être humain et lorsqu'il prend conscience que l'on s'est moqué de lui, toute sa force, toute la puissance de son esprit, il les concentre sur ce qu'il considère être la cause, la source de sa détresse : les autres. Rappelons qu'un « grand moi » ne se sent jamais coupable. Il en veut tout simplement aux autres. Il est rancunier. Il est vengeur. C'est un fort qui peut sans difficulté aller jusqu'au bout de sa colère. Dans un premier temps, il dirigera sa colère sans maquillage vers tout ce qui a pour lui une odeur, une saveur ou une couleur d'autorité en se répétant : « Tout est de leur faute, ce sont des bourreaux, ils doivent me payer ça. » Puis... par la force des choses, car il veut quand même profiter de la vie après tout, un « grand moi » apprendra à déguiser sa colère, à la masquer, à la truquer. Le désir puéril, enfantin, mais jusqu'à un certain point normal au cours de l'adolescence de passer sa colère sur les autres, s'est progressivement enraciné au point de devenir chez lui, une seconde nature, un réflexe conditionné et cela, dès qu'il est en présence d'une figure d'autorité : un parent, un professeur, un ministre du culte, un patron, un policier, un militaire, un juge, un médecin, mais aussi... un conjoint... Cette colère qui maintenant baigne et auréole toutes les fibres de son cœur va se manifester sournoisement par un comportement passif-agressif destiné à bouleverser, à embêter l'autorité, à la faire mettre en colère, à la ridiculiser, à lui faire perdre la face.

Le comportement passif-agressif est excessivement déroutant, insaisissable, incompréhensible. Il est d'une subtilité extrême mais on peut couramment le déceler chez des individus au « grand moi » qui, de prime abord, ont l'air vraiment sympathiques. On les aime généralement toute de suite car ils sont tellement agréables. En effet, après des années d'orages et de tumulte, ils ont réussi, non à liquider leur colère mais à la « ravaler ». Ils ont le sourire grand et le sourire facile et c'est avec des airs charmants et charmeurs qu'un « grand moi » rentre, en général, dans une relation humaine. Comme l'enfant au cours des premières journées d'école, tout lui semble merveilleux, tout lui va, il n'a rien à redire ; mais progressivement, irrité par ceci, frustré par cela, sa colère se réveille et actionne les mécanismes de son comportement passif-agressif. Il se met à poser des gestes calculés pour démolir l'autre. Bientôt sa sociabilité et sa rentabilité baissent au point qu'il n'est plus possible de le supporter. La relation se rompt mais il trouve encore le moyen de dire : « Voilà, c'est bien fait, tant pis pour lui ou elle ou eux... »

L'individu passif-agressif crée, de toutes pièces, des situations qui lui permettront de trouver une excuse qui le justifiera d'être en colère contre l'autre. Il veut à tout prix déverser sa colère et il y arrive très bien en faisant toujours exactement le contraire de ce qui lui est demandé. Les techniques passives-agressives sont nombreuses mais on peut les grouper ainsi : la remise des affaires à plus tard (on n'est jamais pressé, on a toujours le temps, pourquoi s'énerver ainsi ?) ; l'entêtement (j'ai raison, c'est vrai, non, pas question, je ne bouge pas, je ne veux pas) ; l'incompétence intentionnelle (je ne suis pas capable, comment faut-il faire ? Est-ce bien comme ça qu'il faut s'y prendre ? Rappelez-moi comment ça marche...) ; les oublis (oh ! j'ai oublié ! Je n'y ai pas pensé ! Je ne m'en souviens pas... Ça m'a échappé...). Et puis, on traîne, on lambine et on fait traîner et on fait lambiner. On force l'autre à attendre après soi, on n'est jamais prêt à temps, on entrave sa marche, on coupe ses élans, on lui met des bâtons dans les roues tout en ayant l'air de vouloir avancer et bouger et agir... On peut citer l'exemple de l'enfant en colère contre sa mère qui lui offre de l'aider dans ses travaux ménagers mais qui, « sans faire exprès » provoque tant de gâchis qu'elle est obligée de lui demander d'arrêter. L'enfant cesse son aide, la conscience en paix. Ce n'est pas de sa faute ! Il était de bonne volonté, lui, mais que voulez-vous, il n'arrive pas à faire la vaisselle sans en casser la moitié !

La colère d'un « grand moi », tant qu'il y tient et ne l'abandonne pas, peut aussi le transformer en un manipulateur qui va constamment trouver des arguments ou des façons pour que celui qu'il veut manipuler se sente coupable s'il ne cède pas à ses désirs. Le stratagème est dégoûtant et prend facilement un ton insinuant : « Si tu m'aimais vraiment, tu ferais ceci ou cela... Je vois bien que tu ne m'aimes pas vraiment, puisque tu ne veux pas ceci ou cela... Je saurais que tu m'aimes vraiment si tu faisais ceci ou cela... Si tu étais vraiment gentil(le), tu me laisserais faire ceci ou cela... » La manipulation par la culpabilité est une technique passive-agressive très dure et totalement destructrice de toute relation humaine. Elle maintient l'homme et la femme dans un infantilisme affectif qui les empêche de devenir des adultes. L'homme en colère ne donne pas: Il prend. La femme en colère ne reçoit pas: Elle prend. Là où la colère règne, il n'y a pas d'amour possible[14].

Laisse la colère, abandonne la fureur...

Un « petit moi » guérit de son anxiété le jour où il cesse de croire qu'elle est « vraie » et donc qu'il doit s'y accrocher, y tenir et la laisser diriger sa vie. Un « grand moi » guérit de sa colère le jour où il cesse de croire qu'elle est justifiée et donc qu'il doit s'y accrocher, y tenir et la laisser diriger sa vie. Il y a un grave problème avec toute colère à laquelle on s'attache plus de 24 heures: C'est qu'elle risque de se congeler et de nous figer dans un comportement de colère. Pas plus que l'anxiété n'est « vraie », la colère n'est légitime. Il faut l'abandonner. Il faut y renoncer. Il faut la faire disparaître. Celui que la colère emporte en subit toujours la peine. Après l'avoir dirigée vers les autres, elle finit par l'atteindre pour l'emprisonner dans une détresse quotidienne, la détresse d'un cœur qui refuse d'aimer. Femmes au « grand moi », cessez d'étouffer en vous le désir féminin. Il est plus important pour vous d'être enfin aimées que de continuer à faire payer « ça » à l'homme qui veut depuis si longtemps vous chérir. Il n'est pas votre ennemi et ce n'est pas de sa faute si vos parents, ou vos professeurs, ou vos voisins, ou vos amis, vous ont maltraitées... Il n'est pas la cause de votre colère, mais il peut être le remède à votre souffrance. Baissez les armes. Avouez votre besoin. Laissez-vous porter. Appuyez-vous sur lui. Un « petit moi » s'attache à son anxiété car elle lui permet de continuer à se convaincre qu'il est mauvais. Un « grand moi » s'attache à sa colère parce qu'il veut continuer à convaincre les autres qu'il est bon ! Quelle tragique illusion ! Se dire mauvais et brandir cette étiquette pour contester le succès ou se dire bon et porter cette étiquette pour narguer l'échec sont deux attitudes néfastes. Tout le monde est tout simplement humain, en besoin de grâce. Et pour tous, l'amour doit passer par le pardon. Se pardonner à soi-même et pardonner aux autres est un acte d'amour qui doit être implanté dans le cœur humain pour le garder humain. Sans pardon, il n'y a pas d'amour possible.

L'union des opposés ou des semblables ?

Il n'est pas difficile maintenant d'imaginer ces deux tempéraments, un « petit moi » et un « grand moi », plus ou moins équilibrés, plus ou moins déséquilibrés, très équilibrés ou franchement déséquilibrés, c'est-à-dire avec des degrés d'anxiété et de colère variés, qui se rencontrent pour vivre à deux, selon toutes les combinaisons possibles de tempéraments et d'équilibres et de déséquilibres qui existent : Un homme au « petit moi » avec une femme au « grand moi » ; un homme au « grand moi » avec une femme au « petit moi » ; un homme au « grand moi » avec une femme au « grand moi » ; un homme au « petit moi » avec une femme au « petit moi ».

Comment pourront-ils survivre à une vie à deux si *tous les deux* ne se sont pas engagés solennellement à s'aimer inconditionnellement ? Comment pourront-ils survivre à une vie à deux s'ils n'ont pas pris les résolutions nécessaires et établi les priorités qui leur permettront à *tous les deux* de passer du temps ensemble afin de s'attacher l'un à l'autre et d'éprouver l'un pour l'autre de la tendresse, malgré leur mauvais caractère ? Comment pourront-ils survivre à une vie à deux, s'ils n'ont pas décidé, *tous les deux*, qu'en dépit de leur « petit moi » ou de leur « grand moi », ils assumeront leur rôle d'homme responsable d'aimer et de femme collaboratrice pour être aimée ? Dites-moi, comment peut-on réussir à être heureux à deux, quand tout seul, on est déjà tellement désagréable ?

Pour vivre heureux à deux, il faut aimer d'un amour qui ne périt jamais. Cet amour seul peut concilier les contraires et accorder les incompatibilités... Un « grand moi » qui aime un « petit moi » veillera à ne pas réveiller son anxiété en lui faisant faire de l'insécurité. Il sera prévenant, attentionné et franc, sans artifice, sans hypocrisie, sans équivoque. Il saura cependant et c'est très important, s'opposer à son anxiété, la circonscrire et l'empêcher de prendre des proportions démesurées en ne l'acceptant pas comme « vraie ». Un « grand moi » a le dos large. Il est capable de supporter énormément de tension, d'opposition et de chantage mais en le faisant, il ne rend pas service au « petit moi ». Être complice d'un mensonge n'est jamais profitable à personne. Pour un « grand moi », aimer un « petit moi », c'est le garder dans le présent, dans la réalité, et l'arracher à l'avenir et aux intuitions de son imagination déséquilibrée par l'anxiété. Pareillement, un « petit moi » qui aime un « grand moi » veillera à ne pas réveiller sa colère en nourrissant son agressivité. Il aura pour lui du respect, de la considération, des égards particuliers et évitera de lui faire honte et de le blesser par des remarques, des critiques ou des plaisanteries désobligeantes. Il saura désamorcer sa colère, l'apaiser et la détourner des autres en lui démontrant qu'elle n'est pas légitime parce que finalement, elle se retourne contre lui et ceux qui l'aiment le plus, ses proches. Pour un « petit moi » aimer un « grand moi », c'est l'amener à abandonner sa colère, à la mépriser pour ce qu'elle est, de l'orgueil, et l'encourager à être véritablement aussi bon et aussi gentil qu'il pense et qu'il veut l'être. Maintenant, quelles que soient ses forces ou ses faiblesses, un couple peut commencer à investir dans l'éternité.

Quand le « toi » est devenu plus précieux que le « moi ».

L'amour, c'est le besoin de « toi ». Le « moi » est toujours un obstacle à l'amour. Qu'il soit petit ou grand, le « moi » est l'antithèse de l'amour car l'amour, nous l'avons bien vu, c'est le besoin de l'autre... Or l'anxiété et la colère, toutes les deux, rendent le « moi » énorme et aveugle au « toi ».

C'est le « moi », petit ou grand, qui détruit le « toi », car c'est le « moi » qui est impatient, c'est le « moi » qui est envieux, c'est le « moi » qui se vante, c'est le « moi » qui s'enfle d'orgueil... C'est le « moi » qui cherche son intérêt, c'est le « moi » qui s'irrite, c'est le « moi » qui soupçonne le mal, c'est le « moi » qui ne passe par-dessus rien et qui ne supporte rien.

Pour beaucoup d'individus aujourd'hui, le « moi » est devenu un maître absolu qui leur interdit la douceur du don de soi. Alors... pour « s'accomplir », pour « se réaliser », pour « s'affirmer », pour « avoir raison », les hommes abandonnent les femmes, les femmes abandonnent les hommes, les hommes et les femmes abandonnent les enfants et les enfants abandonnent les parents. Chacun se retrouve tout seul, dans son coin, emprisonné par son « moi » tyrannique, despotique, cruel et monstrueux. Le voyage du « moi » loin du « toi » dure longtemps... mais il ne mène jamais plus loin que les exigences de plus en plus délirantes d'un cœur qui ne pense qu'à soi... Prenez la chose à cœur, consultez-vous et parlez ! Partout il y a des hommes, des femmes et des enfants à l'agonie. Sacrifiés sur l'autel du « moi », tous, ils ont... « les mains sur le seuil »...

Il faut cesser d'entretenir des illusions : Même s'il parle les langues des hommes et des anges, même s'il a le don d'enseigner la science et tous les mystères, même s'il possède toute la connaissance et une foi à transporter les montagnes, même s'il fait preuve d'une charité à donner tous ses biens et qu'il va jusqu'au martyre, le « moi », s'il n'a pas le « toi » à cœur, s'il n'a pas le « toi » en vue, n'est rien. Il sonne, et ça en donne mal à la tête et au cœur et au ventre, le creux, le vide, le faux.

Aimer, c'est *renoncer* au « moi » noyé d'anxiété, aveuglé de colère pour faire d'un « toi » probablement noyé d'anxiété ou de colère, la première priorité de sa vie. Le « toi » est le seul antidote contre le « moi ». Renoncer à soi-même, c'est cesser de faire du « moi » le centre de ses préoccupations ; c'est enfin lever les yeux vers le « toi » et le *voir*.

5

L'amour et la beauté

N'EST-CE pas vrai que les femmes veulent être belles ? (Les hommes, eux, veulent être forts.) Être belle est un souhait féminin. (Être fort est un souhait masculin.) Pourquoi cette recherche universelle de beauté chez les femmes ? La réponse se trouve du côté du désir féminin : Les femmes veulent être belles pour être aimées.

L'amour que nous avons défini comme étant le besoin de l'autre, naît de l'attraction, d'autant plus irrésistible qu'elles sont nettes, explicites et tranchées, des deux grandes valeurs humaines du Masculin et du Féminin. L'étude de l'éveil du désir amoureux révèle que, sans aucun doute possible, ce qui le fait éclore ce n'est pas tant la vue franche ou furtive des caractères sexuels primaires que l'ensemble, très harmonieusement fondu, des caractères sexuels secondaires les plus apparents.

La beauté, quand on veut parler d'amour, ce n'est pas vraiment la couleur des yeux ou la forme du nez ou l'élaboration de la coiffure ou l'art du maquillage ou le vêtement dernier cri que l'aspect masculin ou féminin de la silhouette et de l'expression du visage.

Un homme trouve une femme belle parce qu'elle dégage une impression de grâce naturelle : Il entend de la tendresse dans sa voix claire, il voit de la douceur sur son visage, il remarque de la souplesse dans sa chevelure, il perçoit, par ses toilettes élégantes, ses formes arrondies et la mollesse de ses chairs.

Une femme trouve un homme beau parce qu'il dégage une impression de force naturelle : Elle entend de la robustesse dans sa voix profonde, elle voit de la gravité sur son visage, elle remarque la vigueur de sa chevelure, elle perçoit, par ses costumes bien taillés, sa plastique sobre et sa puissance musculaire.

Le désir féminin définit la beauté d'une femme par sa capacité de susciter chez un homme l'attrait profond de sa personne féminine. À son contact, ce qu'il se met à aimer en elle, *c'est la femme*, et il en éprouve une émotion tendre, un sentiment d'admiration, un plaisir désintéressé. Ayant réveillé son besoin d'aimer, elle l'aiguise, elle le canalise, elle le concentre sur son cœur de femme qui a tant besoin d'être aimé. La beauté d'une femme, c'est sa féminité. (La beauté d'un homme, c'est sa virilité.) La féminité d'une femme ne vieillit jamais. Elle s'embellit avec le temps et devient de plus en plus fascinante, envoûtante, charmante, pressante. Incontournable. Impérative. Pour une femme, le besoin d'être aimée est impérissable.

Nous avons déjà vu que plaire et compatir, c'est-à-dire se rendre compatible, accordable, conciliable, forment la charpente dynamique du comportement féminin. La femme veut plaire... Son désir est légitime, sain, normal, indispensable pour l'entente du couple, mais il devient tragique dès qu'il amène une femme à penser que la seule façon pour elle de plaire, c'est d'être belle selon le goût du jour. Certes, il est difficile de résister à une telle erreur quand presque partout, presque tout le monde, subliminalement ou ouvertement, affirme que le seul moyen pour une femme d'être aimée, c'est de se plier aux critères de la toute dernière mode.

Notre civilisation a déplacé du centre de ses valeurs, la beauté du caractère et de la force morale pour y ériger en absolu ses concepts mouvants et troubles de la beauté du corps. Depuis, les contes pour les petits enfants et les concours pour les grands enfants pivotent tous autour de cet ingrédient magique qui doit assurer automatiquement ou presque, tous les succès, ceux de la fortune, de la gloire et de l'amour, à ceux qui le possèdent... tant qu'ils le possèdent...

Quel problème insoluble pourtant, car la beauté du corps et du visage est loin d'être un cadeau universel et il n'est pas perpétuel ! En réalité, il n'y a rien de plus relatif et de plus éphémère que la beauté physique. Par contre, il n'y a rien de plus absolu et de plus persistant pour une femme que le besoin d'être aimée.

Il est donc *impossible* qu'une femme assouvisse son besoin d'être aimée en se pomponnant. Pas plus qu'on ne peut attraper l'eau avec ses doigts ; pas plus qu'on ne peut saisir le rayon de soleil avec ses mains ; pas plus qu'on ne peut happer l'air avec ses bras... on ne peut captiver l'amour avec du fard. Dès qu'une femme comprend quelle est la profondeur et la hauteur de son besoin d'être aimée, à ce moment-là et pour toujours, elle sait que pour qu'il soit comblé, il va lui falloir plus qu'une beauté sophistiquée. Il va lui falloir de l'intelligence. De l'intelligence du cœur pour tout simplement commencer par le commencement : accepter le désir féminin. De l'intelligence du cœur pour jouer son rôle en amour, pour établir les priorités de son amour, pour comprendre son amoureux et l'aider, l'encourager et le rendre meilleur. De l'intelligence du cœur pour avoir le courage d'affirmer que, pour elle, la véritable beauté est celle *d'un caractère féminin* et que celui-ci ne se montre pas par des artifices séducteurs périssables mais par de la noblesse, de la dignité, de la retenue, de la décence, de la modestie, du goût dans les manières, le comportement, les vêtements, le langage, les loisirs, le travail, les pensées et les aspirations. Être belle, c'est être femme.

Assumer sa féminité

Le carré et le cercle. La flèche s'élançant à droite hors d'un cercle et les traits croisés suspendus à un cercle. Le bonhomme en pantalon et la bonne femme en jupe. La symbolique humaine affirme une différentiation radicale des genres qui ne permet aucune méprise. Que font alors tous ces individus à chercher encore la quadrature du cercle ?

Voilà pourtant longtemps que l'on sait que ce problème est insoluble et que c'est une chose irréalisable ! Quoique l'on veuille et quoique l'on dise, personne n'ira jamais plus loin qu'au commencement :

> Dieu créa l'homme à Son image :
> Il le créa à l'image de Dieu,
> *Homme et femme,* Il les créa.
> Dieu les bénit et leur dit :
> Soyez féconds...

Le poème est immortel. Il demeure dans son rythme, avec son harmonie, et les noirceurs d'un monde qui veut nier ses origines n'arriveront jamais à engloutir l'image réelle, indélébile, ineffaçable. Quiconque, par contre, arrive à la focaliser, donne naissance à une symphonie aux accents d'une intensité poignante dont tous les mouvements reproduisent d'une façon frappante les processus des lois de l'attraction du spermatozoïde et de l'ovule.

Dans le domaine de l'amour, de nombreux auteurs ont souligné que les différences psychologiques chez l'homme et chez la femme sont pleinement en rapport avec les phénomènes de pénétration du spermatozoïde et de réception de l'ovule. Pour les observateurs de la nature humaine, les caractères sexuels psychiques sont une simple extension ou une complication des caractères sexuels propres à la rencontre des gamètes mâle et femelle.

Assumer sa féminité, c'est donc accepter l'impulsion de ses ovules et exprimer avec bonheur, dans toute sa personne, le désir et le respect psychiques de l'homme. (Assumer sa virilité, c'est accepter l'impulsion de ses spermatozoïdes et exprimer avec fierté, dans toute sa personne, le désir et le respect psychiques de la femme.) Pour qu'une femme soit d'une très grande beauté, elle doit posséder : une pensée féminine, un vêtement féminin et une taille féminine.

Une pensée féminine

Vous souvenez-vous de ce temps où les petites filles n'avaient qu'un rêve : se marier et avoir des enfants ? Elles en parlaient en chuchotant et en riant. Leurs yeux brillaient et leur cœur battait, oh ! si fort parfois... Ce qu'elles avaient hâte ! Elles savaient bien qu'elles auraient aussi autre chose à faire dans la vie, comme étudier et travailler, mais leur but ultime, – elles n'arrivaient pas à le cacher –, était d'être protégées par un homme et d'assumer les responsabilités maternelles. Les choses n'ont pas changé, – on n'ose tout simplement plus les dire, – car la sexualité féminine marque profondément la personnalité morale de la femme et c'est elle qui lui souffle les désirs de son cœur.

Ce sont ces désirs, quand elle les écoute, qui l'amène à rayonner une joie de vivre qu'elle va exprimer spontanément par la vivacité de ses expressions faciales, l'exubérance et même la pétulance de ses émotions et de ses réactions. Peu à peu, la femme prend conscience de son charme et de ses possibilités maternelles et c'est en vertu de son rayonnement qu'elle va attirer l'intérêt de l'homme qui recherche toujours dans la femme un supplément de force, de courage et d'énergie, un accroissement de vitalité.

Les sentiments féminins lorsqu'ils sont mûrs et pleinement développés gravitent autour de l'instinct de réception et de l'instinct maternel et ils répondent alors aux sentiments masculins qui gravitent autour de l'instinct de pénétration et de l'instinct de possession active. Ces sentiments font naître dans l'esprit de la femme l'admiration et l'estime de l'homme : Elle est consciente que pour dissiper le sentiment d'incomplétude qui la hante, elle a besoin de lui doublement, car elle a besoin d'appartenance et elle a besoin d'une descendance.

Toutes les expressions de la féminité correspondent aux expressions de la virilité qui correspondent l'une et l'autre aux expressions de l'ovule et du spermatozoïde appelés à se fusionner dans une communion parfaite. Ainsi la femme chez qui le besoin psychique et extrêmement profond d'être aimée s'exprime par le désir d'une jouissance passive totale, à l'initiative directe (le spermatozoïde se dirige sans détour vers l'ovule) mais retenue (il ne le pénètre que si ce dernier le veut bien et quand il le veut) de l'homme, doit opposer un langage, une mimique, une émotivité qui attirent indirectement et qui consentent à reculons.

Une pensée féminine est une pensée trempée dans la résistance. Une pensée masculine est une pensée trempée dans l'insistance. L'homme insiste mais la femme résiste et plus elle résiste, plus il insiste. Une femme ne veut s'abandonner qu'à la dernière extrémité, parce qu'elle a besoin, pour s'abandonner, de la preuve indubitable qu'elle est vraiment aimée d'un homme qui saura l'envelopper toute entière de sa tendresse. En refusant de céder trop rapidement ou trop aveuglément à l'homme, la femme collabore avec lui en favorisant au maximum l'épanouissement de son comportement viril. Plus elle est femme, plus il est homme. Il n'est pas surprenant que bientôt, ils ne puissent plus vivre l'un sans l'autre...

Une pensée féminine s'exprime alors dans l'acceptation de jouer auprès de l'homme un rôle d'aide. La femme doit se voir debout, aux côtés de son mari, sur un pied d'égalité et lui offrant son appui, son concours, sa coopération, sa participation. Elle n'est pas une subordonnée. Elle est une collaboratrice. Elle travaille avec lui à une œuvre commune : l'établissement, l'épanouissement et la perpétuation de l'amour. La résistance, les défenses habiles de la femme lorsque l'homme lui fait la cour, forgent dans son esprit une détermination farouche et indomptable qui l'empêchera de céder sa place dans le mariage, et d'abandonner son rôle d'aide honnête, sincère et dévouée et cela quoi qu'il lui en coûte.

Très souvent, dans le couple, le rôle d'aide de la femme exigera non pas qu'elle fasse certaines choses mais plutôt qu'elle ne laisse pas faire des tas de choses. Par exemple, une femme ne peut pas laisser un homme la traiter avec rudesse ou la battre ; elle ne peut pas le laisser boire et s'enivrer ; elle ne peut pas le laisser regarder du matériel pornographique ; elle ne peut pas le laisser paresser et être oisif ; elle ne peut pas le laisser la tromper et délaisser ses enfants. Laisser faire, c'est haïr. Veut-elle sa destruction ? Quand une femme laisse faire son mari, l'aime-t-elle ? Se pourrait-il qu'elle nourrisse à son égard un antagonisme profond et que sa soumission servile soit une trahison qui cache un dessein inavouable de l'anéantir ? Sous des airs de martyr ou de sainte, se pourrait-il qu'elle déguise un orgueil incommensurable ou une lâcheté innommable parce qu'elle se croit infiniment meilleure que lui ou qu'elle se dissocie de lui et croit que ce qu'il fait ne la concerne pas et ne l'affecte pas ?

Aimer, c'est ne pas laisser faire. Aimer, c'est respecter l'autre ; c'est *vouloir* le respecter et c'est tout faire *pour pouvoir* le respecter. Une femme qui aime un homme ne peut pas permettre qu'il s'avilisse de plus en plus à ses yeux. Elle résiste alors à ses mauvais penchants et n'accepte plus de les nourrir en les supportant. Malheureusement, combien de femmes préfèrent jouer aux indifférentes plutôt que de se battre pour le salut de leurs maris et de leurs enfants ! Beaucoup s'offusqueront et diront qu'elles ont passé leur vie à déplorer la conduite inadéquate des leurs. Permettez-moi de le dire : Rouspéter, ce n'est pas résister. Aboyer, ce n'est par mordre. Ce qu'une femme doit faire, c'est déployer la force de l'inertie : Et cette force, c'est NON. Non au nom de sa mission d'épouse et donc d'aide, non au nom de sa mission de mère et donc d'éducatrice, non au nom de sa mission de femme et donc d'être humain créé à l'image de Dieu. Non au nom de la dignité de l'homme créé à la ressemblance de Dieu. Non à tout ce qui est mal. Non à tout ce qui est sale. Non à tout ce qui est trouble.

La pensée féminine est structurée sur le non, mais un non qui consent... La pensée masculine est structurée sur le oui, mais un oui qui propose... Initiative directe bien que retenue, invitation indirecte bien qu'engageante : L'homme et la femme ont été créés pour s'appeler, pour s'entendre, pour se répondre, pour se fondre, pour se multiplier et pour connaître, lorsqu'ils ont réussi à enlacer leurs cœurs et leurs esprits, le miracle de l'amour qui donne et qui reçoit.

Être belle, c'est posséder une pensée féminine, une pensée qui sait dire non... puis oui ! si tout est bien... quand tout est bien.

Un vêtement féminin

Le désir féminin pense « non » – réserve, prudence, retenue marquent toutes ses démarches – et comme il pense « non », le désir féminin s'habille « non » – décence et pudeur tissent tous ses vêtements.

Un vêtement féminin est un vêtement « fermé » qui protège l'instinct profond d'intégrité physique que toute femme normale possède obligatoirement. Quelle femme véritable ne connaît pas sa vulnérabilité ? Elle sait que l'amour va l'amener au sacrifice de sa virginité puis que la maternité, par la grossesse, l'accouchement, l'allaitement et l'éducation de ses enfants, va l'engager au don d'elle-même perpétuel. Comment pourrait-elle alors, consciente de son destin, ne pas ressentir des effrois et même des répugnances, et ne pas chercher à se protéger et à se dérober à l'intrusion masculine ? Or la façon la plus simple, la façon première, la façon obligatoire de se protéger est tout simplement de s'habiller.

On juge le caractère d'une femme par le style de ses vêtements. Une tenue simple est le signe d'un goût délicat, d'un esprit cultivé. Des habits sobres témoignent de la noblesse et lorsqu'ils sont joints à un comportement honnête, ils entourent la femme d'une atmosphère de dignité qui est pour elle comme un bouclier sacré contre le harcèlement et la violence. De nombreux observateurs ont relié l'augmentation en flèche, à partir de 1964, des crimes contre les femmes au port de la mini-jupe, des jeans et des blouses transparentes[1]. Les marchands de mode ont toujours été des marchands de honte et de folie... Ces vêtements sont conçus pour supprimer chez la femme l'instinct de défense sexuelle. Or cet instinct ne peut réellement être aboli que chez les femmes « déséquilibrées et les débiles d'esprit chez lesquelles la prostitution prend alors la signification d'une anomalie biologique[2] ». Anomalie sans aucun doute, puisqu'une femme, c'est un cercle en attente, c'est deux traits croisés en suspension, c'est un non en projection, c'est le désir opiniâtre, quoique caché et même inconscient, de rencontrer un homme dont elle sera aimée sans restriction, avec pour preuve qu'elle est effectivement aimée, la satisfaction intégrale d'avoir été profondément passive dans le jeu de l'amour...

On ne peut avoir la mise d'une prostituée et recevoir le respect que la vertu oblige. Le désir féminin doit secouer le joug du déballage vestimentaire. Ce ne sont pas des lois destinées à punir ceux qui succombent aux provocations de l'impudeur qui peuvent offrir protection ou consolation aux femmes asservies, avilies, harcelées. Qu'elles prennent plutôt en main leur sécurité et qu'elles s'habillent d'une manière décente avec des vêtements qui crient : non ! Non aux regards louches, non aux désirs bruts, non aux plaisirs partiels et aberrants, non au désamour.

Une femme facile empêche qu'un homme soit viril : Il est tout à fait inutile d'assiéger une ville ouverte et il est complètement futile de croire qu'une ville qui a déjà rendu les armes a besoin d'être conquise... Chaque fois qu'une femme provoque chez un homme un désir à nu, dépourvu de considération pour sa personnalité intime, elle provoque aussi en lui un sentiment d'« infériorité biologique » qui l'amène à avoir honte de lui-même, car il se sent animal et non homme... Cependant, nous voilà à un autre niveau que le vêtement, et qui y pense ? Un homme ne peut pas garder un tel sentiment longtemps. Il faut qu'il le dissipe rapidement et il le fait généralement en refusant à la femme séduite, ou par un jeu de transposition malheureuse, à toutes les femmes qu'il pourra rencontrer, sa tendresse et sa protection. Au lieu de s'attacher à elle, il la lâche, il la plaque, pas toujours d'une façon absolue ou abrupte, mais souvent subtile : Il n'est jamais là quand elle a besoin de lui et au moment où elle s'attend de compter sur lui, il lui refuse sa présence, son réconfort, son encouragement et il disparaît, prétextant quelque urgence ou une trop grande sensibilité de sa part qui ne lui permet pas de supporter « ça », « ça » étant, selon les circonstances, un accouchement, la maladie d'un enfant, une crise financière, la visite de la belle-mère, et quoi encore ?

Lorsqu'un homme n'est pas présent, dans le cœur de la femme s'installe progressivement l'angoisse de l'abandon. Son instinct de défense sexuelle se réveille. Il refait surface mais maintenant, il est plus en profondeur. Après avoir si facilement livré son corps, la femme se met à refuser de céder sa personnalité intime, alors que sa capitulation, sa soumission, son abandon total à l'homme constituent la condition première de sa satisfaction sexuelle et affective. Hantée d'un amour total qu'elle ne vit pas, incapable de satisfaire son désir ardent d'être chérie exclusivement, elle prend peur de sa faiblesse, elle redoute sa soif de caresses – sera-t-elle jamais étanchée ? – et, saisie de crainte, plutôt que d'être déçue, elle résiste aux frissons de l'amour profond.

Le mécanisme psychique de l'orgasme chez la femme est délicat et très susceptible. Il dépend étroitement de la bonne volonté de l'homme qui ne doit pas refuser de lui exprimer son attachement et son souci sincère de son bien-être. Pour s'abandonner, la femme a besoin d'être estimée et admirée. C'est pour cela qu'elle doit s'habiller de manière à être courtisée, priée, désirée par celui qui dit l'aimer. La vanité brutale et égoïste de l'homme qui surgit obligatoirement dès qu'une femme manque de réserve, l'empêche de se livrer et l'oblige à subir dans son esprit intime, une anesthésie sexuelle. Il est des choses qui font trop mal, alors mieux vaut s'engourdir le cœur que de les sentir... Quand une femme refuse de s'épancher dans l'étreinte sexuelle, elle exprime assez souvent sa crainte du lâchage et cherche à se protéger contre sa douleur.

Le remède à la frigidité ne se trouve pas dans les aphrodisiaques – modernes ou anciens, ils n'ont toujours réussi qu'à susciter une excitation artificielle suivie d'une nausée réelle, car ressentir une chaleur, ce n'est pas être en amour – mais dans l'apprentissage des gestes et des mots de l'affection véritable. Et c'est à ce niveau que se situe la pudeur, caractère sexuel fonctionnel de la femme, excitant érotique pour l'homme. La pudeur se définit comme la tendance à se cacher et à se dérober aux regards. Elle favorise le plein développement du désir sexuel masculin et favorise le comportement féminin qui tend à reculer et à dissimuler, sans fuir complètement. Elle permet la résistance de la femme et l'insistance de l'homme. Elle signifie le non féminin et intensifie le oui masculin, offrant à l'homme l'orgueil de la conquête difficile, génératrice de tendresse et d'estime pour la femme. La pudeur est une qualité humaine qu'il faut enseigner pour la voir se développer, mais elle est indispensable à l'équilibre mental.

Tout être humain possède un cercle intime autour de lui qu'il est appelé à protéger farouchement et que nul ne peut ni ne doit franchir sans permission ou invitation spéciale. Ce cercle s'établit fondamentalement par le vêtement qui a pour rôle, entre autres, de signaler la personnalité : L'individu est un homme ou une femme ; il est cultivé ou vulgaire ; noble ou vil ; sociable ou rebelle ; conformiste ou révolté. Ce n'est pas pour rien que chaque fois qu'un système (ou une philosophie) veut manipuler, exploiter ou écraser quelqu'un, il le déshabille pour lui dire qu'il n'est rien, qu'il n'a aucun droit et qu'il doit plier... En lui arrachant ses vêtements, il veut lui arracher son identité pour nier son droit à la vie privée, pour abolir son intimité, pour lui refuser les moindres égards dus à la dignité humaine. La nudité complète ou partielle mine les défenses naturelles de l'être humain, elle dilue l'individualité et entrave les élans et les expressions de son cœur. Réduit à un corps nu, un individu peut finir par oublier les appels de sa conscience et taire les exigences de son âme et de son esprit. Être nu, n'est pas humain. Être déshabillée, n'est pas féminin. Être déguisée, est traître car le refus d'assumer sa féminité passe par la volonté de porter les vêtements de l'homme, même quand cette pratique a perdu son caractère outrageux en étant devenue une coutume socialement établie. Il est impossible d'agir en femme quand on est habillée en homme.

Un vêtement féminin permet à la femme d'être aimée comme une femme désire d'être aimée parce qu'il lui facilite l'exercice de sa pudeur et qu'il proclame son bonheur d'être femme. Être belle, c'est porter en tout temps, en tous lieux, un vêtement féminin.

Une taille féminine

Il y a très longtemps on disait d'une femme qu'elle était belle de taille, ou belle de visage, ou, phénomène éblouissant, belle de taille *et* belle de visage. Dans un poème d'amour, le bien-aimé décrit sa bien-aimée et déclare son visage « agréable » alors que sa taille « ressemble au palmier ». L'image est prenante et dans le balancement d'un arbre fécond, source de nourriture énergétique, symbole de bénédiction, d'abondance et de justice, l'on voit une taille souple, élancée, gracieuse. Située entre les côtes et les hanches, cette partie de l'anatomie, plus que la poitrine ou les hanches, marque la féminité lorsqu'elle est naturellement resserrée et soulignée par un vêtement par ailleurs ample et enveloppant. Mais une taille, c'est élastique... et pour le désir féminin, ses expansions et ses rétrécissements outrés constituent le baromètre de l'amour qu'une femme reçoit.

L'angoisse de ne pas être aimée

Il y a toujours eu des femmes à la taille étranglée, avec des sanglots noués dans les yeux... mais comme pour ces mendiants à qui l'on ne fait plus la charité parce que l'on s'est habitué à leur présence et qu'ils font partie du décor, personne n'a rien compris à leur langueur. De toute façon, la mode s'est chargée d'enliser ces femmes dans leur gouffre en leur soufflant à l'esprit qu'elles étaient belles ainsi et que si elles pouvaient être encore un petit peu plus minces, elles seraient tout simplement plus séduisantes...

Au XIXe siècle pour avoir entre 37,5 et 45 cm de tour de taille, les dames de « qualité » ont accepté de porter, dès leur pré-adolescence, des corsets garnis de baleines qui gênaient la respiration et qui les transformaient progressivement en invalides. (Les corsets provoquaient de graves déformations du foie, des intestins et de la cage thoracique, entre autres.) Parvenues à l'âge adulte, incapables de marcher sans risquer de s'évanouir, incapables de manger à leur faim, incapables de respirer normalement, incapables de donner naissance sans douleurs atroces, ces femmes ressemblaient à de pauvres créatures débiles, pâles, chétives, souffreteuses, maladives... mais elles étaient au goût du jour : Intéressantes sans être menaçantes, d'une extrême délicatesse et d'une subtilité remarquable (on ne savait jamais quand elles allaient faiblir ou pâlir), tout en étant juste bonnes à orner les bergères des grands salons à tentures de velours des maisons bourgeoises de l'époque.

Dans les années 1970, la mode une fois de plus, a projeté sur les femmes le sortilège malfaisant de la silhouette baguette et des grands yeux dévorés par une fièvre étrange. Les instruments de torture capables d'opérer une telle métamorphose n'ont pas été le corset, archaïque, mais les armes chimiques, plus subtiles, de la pharmacopée moderne : les laxatifs, les diurétiques, les amphétamines aux effets renforcés par des régimes déséquilibrés riches en protéines et en crudités, dépourvus de pain, de pâtes et de pommes de terre, et accompagnés de vomissements et de lavements assidus. Le port de la haire et du cilice au Moyen Âge et même les flagellations semblent naïves à côté de telles mortifications de la chair!

L'allure démolie, affligée d'une perte de poids chronique, d'une absence complète de règles, de constipation, de frilosité excessive, de dépérissement dû à la sous-alimentation, d'une perte des cheveux et des poils remplacés par un fin duvet sur toute la surface du corps, d'un ralentissement des battements du cœur (moins de 60 contractions par minute) et de basse pression, où une femme sur vingt en Amérique du Nord[3] puise-t-elle ce goût du morbide ? Ce qu'on appelait autrefois mélancolie s'appelle aujourd'hui anorexie nerveuse ou mentale ou psychogène. Le problème a changé de nom. A-t-il changé de visage ?

Le temps des corsets, c'est le temps de la révolution industrielle, de cette révolution qui avait permis la naissance d'une nouvelle classe de femmes, des femmes citadines, riches et oisives, des femmes à l'existence papillonnante, apparemment sans plus aucune nécessité. Elles avaient été libérées grâce à l'invention des machines (à coudre, à laver, à tricoter, à repasser, à baratter, etc.) du travail à la maison, aux champs et à l'usine. Elles avaient été libérées grâce à l'utilisation de moyens contraceptifs et au recours à l'avortement, de plus de deux ou trois enfants. Elles avaient été libérées grâce à l'engagement de nourrices et de précepteurs de leur allaitement et de leur éducation. Et voilà que maintenant ces femmes aux maris qui avaient réussi, étaient piégées dans une situation d'« une simplicité frustrante » : plus leurs maris travaillaient moins elles avaient à travailler. Après des siècles de dur labeur, de labeur incessant, de labeur indispensable, ces femmes n'avaient plus rien à faire, plus de rôle à jouer, plus de priorités à établir : Dégagées de la responsabilité de leur maison et de leurs enfants, elles étaient aussi totalement coupées de leur collaboration avec leurs maris. Ceux-ci infectés du concept moderne de l'autonomie masculine, du « self-made-man », étaient jaloux et très fiers de pouvoir penser et proclamer qu'ils ne devaient plus rien à personne (et surtout pas à leurs femmes) car ils étaient et se voulaient finalement les seuls responsables de leur succès.

Il fallait donc que les femmes se trouvent une autre carrière. La situation était désespérée et le slogan fut assez rapidement imposé : « L'homme gagne, la femme dépense[4] ». Les femmes riches se virent assigner un nouveau rôle, celui de « magasiner », c'est-à-dire de passer beaucoup de temps à examiner, à comparer, à délibérer sur la qualité de telles ou telles choses et à rivaliser avec les autres femmes soucieuses de démontrer leur goût, leur patience et leur habileté à trouver exactement ce qu'il fallait. Les grands magasins pouvaient s'ouvrir ! Ils furent aussitôt envahis de femmes qui passèrent des heures autour des comptoirs à froisser les étoffes, à faire sortir les chaussures, à essayer des gants et à exacerber les vendeuses. Ces femmes ont été les premières femmes consommatrices de notre ère obligées qu'elles étaient de convertir en belles robes, en toilettes élaborées, en bijoux, en parfums, en fard et en babioles, l'argent que leurs maris gagnaient avec assiduité, avec acharnement, passionnément, à l'extérieur, sur la place publique, loin d'elles, sans elles.

La véritable révolution était là. Depuis des millénaires, les femmes faisaient exactement le contraire : Elles économisaient, elles accumulaient, elles ramassaient, elles récoltaient, elles conservaient, elles ménageaient, elles épargnaient. Ne disait-on pas que c'était sur ce qu'une femme avait réussi à cacher dans son tablier qu'une maison prospérait et devenait riche ? Près de la nature, les femmes avaient pu entendre sa voix et comprendre que leur sexe était celui de la prévoyance et de l'épargne. N'est-ce pas dans l'ovule que sont accumulées les réserves nutritives destinées à la nutrition d'un nouvel être ? C'est le sexe mâle qui est celui de la dépense et de la prodigalité. La femme nativement, intimement, biologiquement ne dépense pas. *Elle se dépense.*

Ce nouveau rôle de la femme en dissidence profonde avec sa nature profonde eut des conséquences énormes. Les hommes nettement dissociés de leur maison et de leur famille s'étaient plongés dans l'obsession du travail et maintenant les femmes, nettement dissociées de leurs maris se noyaient dans le choix et l'achat de nouvelles possessions. Hommes et femmes avaient cessé d'être des alliés, des partenaires, des collaborateurs, des collègues de vie pour se retrouver dans un état d'opposition profonde. L'argent gagné par le mari devait être dépensé par la femme. L'équilibre d'un tel arrangement ne pouvait être que très précaire, vraiment instable, et immédiatement il courut un terrible danger de manipulation grossière : En dépensant trop une femme pouvait ruiner son mari ; en ne gagnant pas assez un homme pouvait complètement paralyser sa femme.

La dynamique de ce nouveau couple de bourgeois était devenue l'argent ! Impossible dans un tel système de ne pas se méfier l'un de l'autre, de ne pas chercher à se dominer l'un l'autre, de ne pas se dresser l'un contre l'autre. Or vous le savez : Nul ne peut servir deux maîtres. Un cœur d'homme n'est jamais arrivé à nourrir deux passions et quand l'amour de l'argent transperce son âme pour l'affliger de tourments multiples, il ne laisse aucune place à l'amour de la femme.

Pressentant « l'inutilité ambiguë » de leur existence sous le règne de l'argent, les femmes cherchèrent des portes de sortie. Un petit nombre réagit en mettant sur pied le Mouvement de libération de la femme : Pourquoi n'auraient-elles pas, elles aussi, le droit d'adorer l'argent et d'en gagner ? L'argent, sûrement, n'est pas moins féminin qu'il ne serait masculin et, certes, elles n'étaient pas moins intelligentes que les hommes pour appliquer à sa poursuite toutes leurs pensées et toutes leurs forces ! Pourquoi devraient-elles être les complices d'une telle passion et vilement, bêtement, servilement se contenter de dépenser ce que l'homme avait gagné ? En cessant de dépenser, elles cesseraient d'être dépendantes et éviteraient d'être elles-mêmes transformées tôt ou tard en possessions. Il fallait qu'elles retrouvent leur statut d'utilité et d'égalité. De toute façon, n'avaient-elles pas toujours, aux côtés de l'homme, participer à la prospérité de la famille et de la nation ? Il n'y avait donc aucune raison valable pour qu'elles ne se retrouvent pas à ses côtés sur le marché du travail. Portant la casquette, le pantalon, la veste, la tunique et les bottes, ces femmes qui avaient un très fort besoin de collaboration avec l'homme et un désir survolté d'identification avec la puissance masculine, donnèrent au désir féminin le visage amer de la compétition.

Un très grand nombre de femmes affirmèrent leur malaise en niant leur besoin de fidélité amoureuse et leur fonction maternelle. À la poursuite de l'argent, leurs maris les avaient largement trompées et abandonnées. C'était à leur tour de partir à la conquête de « leur » libération. Elles se mirent à affirmer qu'elles avaient été créées pour l'amour et non pour le plaisir exclusif d'un seul homme, et elles voulurent vivre la liberté de choisir et de changer d'amants au gré de leurs envies... Ayant fait usage de leurs droits à la contraception et à l'avortement, elles permirent l'essor des gynécologues, des hommes à qui elles confièrent leur corps pour obtenir un soulagement aux mille misères que leur procurait leur style de vie marqué par « la bonne chair », « les plaisirs de l'amour » et « les jouissances stériles ». Avec leurs robes profondément décolletées mais très longues et balayant les trottoirs, ramassant la boue des rues, gênant la marche et se trouvant souvent sous les pieds des passants, cette classe de femmes dissimula le désir féminin sous des airs de provocations sensuelles. Les hommes pouvaient bien se croire forts, ils ne pouvaient leur résister. Elles détenaient la puissance de les asservir, et dans les abdications d'hommes de plus en plus neutralisés, elles glanaient l'illusion d'être aimées...

Et puis... il y eut ces femmes qui, sans dire mot, se serrèrent la taille et devinrent des créatures défaillantes, dociles, et totalement à charge. L'humanité occidentale était en train de céder à la poussée de tendances troubles qui présentaient l'homme sans femme et sans enfants comme un spécimen amélioré de la race humaine, comme le phénomène nouveau et extraordinaire d'une ère nouvelle, l'ère de l'existence individualiste absolue. Poussée jusqu'à la négation de la nécessité du couple, cette théorie plaçait à la base d'une civilisation de plus en plus matérialiste, *l'homme seul*. À la poursuite excitée de la chance, dévoré par l'ambition, en mouvement constant, en compétition avec le monde entier, ce nouvel homme se devait d'être insensible, froid, sans pitié, implacable, dur, stoïque. Enchaînés par une passion si dévorante, si tenace, si implacable, les hommes se mirent à épuiser leur virilité dans la conquête et l'assujettissement des choses, et à projeter leurs anxiétés d'impuissance sur les femmes dont ils craignaient de plus en plus les exigences.

Dans la littérature du temps, on relève que se marier, pour un homme, c'est « chuter » car le mariage entraîne la destruction de son autonomie considérée comme le but et le bien suprêmes de sa vie. L'union sexuelle est présentée comme une forme douloureuse et permanente de subordination pour les hommes. Les femmes sont des dangers constants qu'il faut maintenir à distance et la meilleure façon d'y arriver est d'en faire des abstractions, des êtres sans besoins et sans désirs spécifiques et surtout sans droits à la reconnaissance de leur part[5].

Englouti dans une lutte sauvage contre la nature pour en extirper les richesses, concentré et tendu vers un but unique, faire de l'argent, l'homme de l'ère industrielle est barricadé dans une existence dont il est lui, en tant qu'individu mâle, la suprême valeur. Les sentiments naturels au cœur humain de tendresse, d'affection, de bonté, de générosité, de protection ont été cristallisés en un vaste égoïsme, et dans sa femme et ses enfants, il ne voit rien d'autre qu'« une partie détachée de lui-même[6] ». Autosuffisant et indépendant, mené, conduit, poussé par son tempérament ambitieux, l'homme matérialiste est un homme à la course, pressé. Il cherche constamment à éviter la confrontation avec la femme de peur d'avoir à diviser ses efforts, à partager son temps et ses forces et d'être obligé de porter des responsabilités dont il a peur.

Vient maintenant la question de fond et c'est dans les yeux qu'elle est posée : Que peuvent faire les femmes quand les hommes ne veulent plus les aimer ? Que peuvent faire ces femmes trop femmes pour parodier les hommes ou trop femmes pour les mépriser ?

La réponse est implacable : Une femme ne peut pas vivre à la périphérie de la vie d'un homme sans que cette distance ne lui donne le mal d'exister. Derrière le port des corsets au XIXe siècle et derrière la consommation d'amphétamines, de diurétiques et de laxatifs aujourd'hui dans le but d'être minces, minces, minces... il y a l'indignation de ces femmes qui crient leur angoisse de ne pas être aimées à des hommes qui ne veulent plus les aimer. Incapables de maquiller le désir féminin sous des airs d'amazones ou sous des airs de femmes fatales, trop blessées pour être agressives et trop sincères pour être provocantes, elles reculent, elles rétrécissent, elles dépérissent et prennent des airs de gamines attardées, de femmes enfants, de petites filles pitoyables. Leur taille désincarnée ne croit plus au secours, elle n'appelle plus à l'amour... L'angoisse de ne pas être aimées est en train de les tuer[7]... Ces femmes ont... « les mains sur le seuil »...

La faim d'être aimée

Être femme, c'est posséder deux instincts fondamentaux: l'instinct de réception vaginale et l'instinct maternel. Ces deux instincts mesurent la féminité d'une femme et ils la portent l'un et l'autre vers l'homme pour qu'elle en soit aimée et qu'elle reçoive de lui l'enfant qu'elle veut aimer. Oh ! combien une femme aimée d'un homme et aimant ses enfants est belle !

Malheureusement, tout instinct peut être déformé. L'angoisse de ne pas être aimée atrophie l'instinct de réception vaginale au point qu'une femme arrive à se donner une taille d'enfant et ainsi à se protéger de l'homme. Ce n'est pas avec une enfant qu'un véritable homme pense à exercer sa virilité.

Chez d'autres femmes, l'instinct maternel s'hypertrophie. Elles se sentent ou se veulent mère plutôt que femme et elles deviennent des proies faciles pour ces hommes encore attardés dans leur enfance, faisant encore l'école buissonnière, fils errants à la recherche d'une femme qui serait tolérante, constante et pardonnante.

Ces hommes à la virilité incomplète rêvent d'un foyer où ils pourraient être eux-mêmes, soit des enfants avec leur mère. Ils veulent être compris, ils veulent que leurs erreurs soient excusées, ils veulent que leurs soucis soient effacés par un sourire, ils veulent pouvoir se décharger le cœur, ils veulent rencontrer des oreilles sympathisantes, ils veulent de la tendresse, ils veulent de l'indulgence... Pour eux, une femme un tant soit peu exigeante ou délicate est une menace qui les met mal à l'aise et les dérange dans leurs illusions qu'ils sont hommes.

Un jour cependant, auprès d'hommes qui les prennent pour des mères, ces femmes se rendent compte qu'elles n'ont pas encore mangé à la table de l'amour. Elles ont faim, faim d'être aimées, et leur taille s'élargit à la mesure de l'urgence de leur besoin. La femme grosse, corpulente, massive est une proie facile pour l'homme égoïste qui refuse de donner, chez qui l'instinct de protection fait défaut, pour l'homme dépourvu d'émotion tendre.

Il peut sembler agréable à une femme jeune de dorloter, cajoler, bichonner un homme. Ses caprices, ses bouderies, ses bêtises peuvent pour un temps passer pour de la gentillesse ou tout au moins pour « du pas trop méchant » et être supportables quand on a un gros cœur de maman... Mais à ne pas recevoir d'affection véritable, tôt ou tard, toute femme plonge dans le découragement et plutôt que de défaillir, elle peut apprendre à assouvir son creux en dévorant ou en grignotant constamment. Une taille épaisse – peut-on le cacher ? – c'est la faim d'être aimée, à la honte de tout homme né pour aimer, au chagrin de toute femme née pour être aimée.

Le bonheur dans les yeux

La beauté, c'est le bonheur dans les yeux ! C'est ce bonheur qui monte du cœur chaque fois qu'une femme perçoit qu'elle est appréciée de son mari et qu'elle lui est précieuse ; chaque fois qu'elle se sait utile et nécessaire dans sa maison ; chaque fois qu'elle sent *qu'elle fait véritablement partie de lui.* Une femme doit être l'objet de l'attention particulière et chaleureuse de son mari ; une femme doit pouvoir réaliser que son mari se trouve perdu lorsqu'il n'est pas en sa compagnie ... Alors et seulement alors, elle répondra à ses affections et elle reflétera l'amour déversé sur elle. Pour être belle, une femme doit être aimée...

6

Ce que cœur de femme veut

C'EST une plaisanterie vieille comme le monde que de dire que les femmes sont compliquées, qu'elles ne savent pas ce qu'elles veulent, qu'elles sont impossibles à satisfaire et que, de toute façon, il n'y a rien à y comprendre. Plaisanterie facile qui permet aux hommes de continuer à leur tourner le dos chaque fois qu'elles ne semblent pas contentes d'eux, qu'ils n'ont pas réussi à leur plaire et qu'ils en ont mauvaise conscience.

Pourtant, ce que cœur de femme veut, tout simplement, c'est être aimée. Il n'y a à cela rien d'obscur. Mais, et c'est là le problème, elle veut être aimée de manière à le sentir, de manière à en acquérir la certitude, de manière à en avoir la preuve absolue. Or pour donner et recevoir de l'amour, l'être humain ne dispose que de quatre moyens. Pas trente-six. Quatre. Fondamentaux, obligatoires, radicaux, les matériaux de l'amour s'appellent : regards tendres, gestes affectueux, temps en quantité, possessif électif. Précieux et sublimes, seuls ils peuvent construire, ériger et servir de fortifications à l'amour pour en faire une tour imprenable, une citadelle inexpugnable.

Comme tout édifice, l'amour doit être fondé, afin que lorsque la pluie tombe, que les torrents viennent, que les vents soufflent et se jettent contre lui, il ne s'effondre pas. Bâtir sur le roc ou bâtir sur le sable constitue depuis toujours un choix humain, mais les conséquences sont immuables et c'est à ses risques et périls que l'insensé bâtit sur le sable car, qui ne le sait ? Quand la pluie est tombée, que les torrents sont venus, que les vents ont soufflé et ont battu la maison, elle est tombée et sa ruine a été grande.

L'attachement et le détachement

S'il faut bâtir sur le roc, c'est pour les jours de tempête et non les jours de calme. Les orages viennent sans merci et, selon les saisons, ils sont plus ou moins nombreux et fréquents, plus ou moins violents ou tenaces. Le roc de l'amour, c'est l'attachement. La musique céleste de ce mot imprime à la vie la plus grande partie de sa richesse et de sa beauté et elle lui donne ses plus grandes joies mais aussi ses plus nobles tristesses. On peut s'attacher un peu. On peut s'attacher beaucoup. On peut s'attacher passionnément jusqu'à ce que le cœur gonflé à bloc veuille éclater de bonheur et que l'on ait envie de pleurer debout en plein soleil dans le ravissement, l'étonnement et l'ébahissement d'un miracle aussi grand : Plus d'insécurité, plus de perplexité, plus d'instabilité, plus de banalités dans les rapports entre conjoints ! Des liens individuels ont été forgés et rien ne va plus les dissoudre. La discontinuité d'un comportement hésitant a été interrompue. La puissance de l'attachement a rendu l'amour inébranlable, inaltérable, durable.

L'attachement est défini comme une relation unique entre deux personnes qui est spécifique et qui résiste au temps. Il est difficile d'expliquer le mécanisme de l'attachement, mais on sait quels sont les gestes qui, à la fois permettent sa réalisation et donnent la preuve de son existence. Caresser, câliner, chouchouter, faire des mamours, embrasser, serrer dans ses bras, se blottir, se pelotonner, regarder intensément et longuement l'autre différent de soi, avec pudeur, avec ferveur, avec sympathie... c'est s'attacher, c'est être attaché, c'est permettre la manifestation d'une affection et d'une tendresse indispensables à cet amour dont la femme a besoin pour se sentir aimée.

Le premier attachement de la vie d'un être humain se constitue à la naissance, entre une mère et son enfant nouveau-né. Cet attachement est crucial pour la survivance et le développement du bébé parce qu'il va permettre à la maman d'aimer son bébé et de faire pour lui, gratuitement, spontanément, ce que personne d'autre ne ferait jamais, même s'il était payé pour le faire.

L'attachement de la mère à son enfant précède et engendre l'attachement de l'enfant à sa mère et il se produit dans les heures qui suivent l'accouchement dans la mesure où la mère consciente, a le plein privilège immédiat de toucher son enfant, de le tenir dans ses bras, de l'allaiter, de le caresser, de le sentir, de lui parler et de capter son regard sans être nullement dérangée[1]. Ainsi, alors que l'enfant voit, entend et bouge au rythme de la voix de sa mère, il se crée entre eux deux des liens mystérieux, d'une profondeur insondable : Le bébé mis au sein, après l'avoir effleuré de ses lèvres, se met à téter, les yeux grands ouverts, tandis que la mère le regarde avec intensité, sourit et lui parle sur un ton aigu et joyeux. L'enfant parfaitement éveillé et alerte suit les yeux de sa mère sur un arc de 180°. Preuve indubitable que l'attachement, phénomène réel et concret, a eu lieu, six jours plus tard, il saura reconnaître l'odeur du lait de sa mère imbibé sur un tampon et placé au milieu d'autres tampons imbibés du lait d'autres femmes[2]...

Le processus de l'attachement entre une mère et son enfant est dirigé par des principes indispensables qui s'énoncent ainsi :

- Il existe une période sensible dans les premières minutes et heures de la vie au cours de laquelle il est nécessaire que la mère soit en contact étroit avec son nouveau-né, si elle veut pouvoir l'aimer d'une façon optimale.
- Il existe une façon spécifiquement humaine et maternelle de réagir à un nouveau-né par des regards intenses, prolongés, en face à face, la mère portant l'enfant à la hauteur de ses yeux et lui parlant avec de grands sourires sur un ton aigu.
- Le processus de l'attachement est structuré de manière à ce qu'une mère n'arrive normalement à s'attacher de façon optimale qu'à un seul bébé à la fois.
- Pendant ce processus, il est indispensable que l'enfant réponde à sa mère en bougeant les yeux et les bras, en se tournant vers elle pour téter et, un peu plus tard, en « souriant ». Ces signes la rempliront de bonheur et permettront l'intensification de l'attachement.
- Quiconque assiste à la naissance de l'enfant et est témoin du processus d'attachement, va lui aussi, s'attacher fortement à l'enfant, d'où la nécessité absolue de la présence du père pendant ces moments décisifs.
- Il est difficile pour certains adultes de passer simultanément par les processus de l'attachement et du détachement, c'est-à-dire, de s'attacher à une personne alors qu'ils sont en train de pleurer

la perte ou la menace de la perte de cette même personne ou d'une autre.

- Certains événements ont des effets de longue durée. L'anxiété faite au sujet de la santé ou du bien-être d'un bébé souffrant d'un désordre temporaire pendant le premier jour de sa vie peut entraîner des sentiments d'inquiétude qui dureront longtemps et jetteront des ombres sur la relation mère-enfant et empêcheront un attachement sain[3].

Ces principes immuables de l'attachement d'une mère à son enfant ont permis la survivance de l'humanité, car sans l'amour d'une mère, un bébé ne peut tout simplement pas vivre pour devenir un être humain digne de ce nom, c'est-à-dire *capable d'attachement.* L'amour sans attachement ne fleurit pas. Il ne devient pas concret et il n'arrive pas à se faire sentir à l'autre.

Cet attachement de la mère à son enfant est l'attachement terrestre le plus tendre qui soit et il peut être le plus fort aussi. Il constitue la source jaillissante de tous les attachements ultérieurs de l'enfant et il est l'influence formatrice qui va lui permettre de développer son identité. Tout au long de sa vie, la vigueur et le caractère de cet attachement influenceront la qualité de ses relations d'adulte.

Si notre époque a découvert le phénomène de l'attachement c'est parce qu'elle a dû constater les conséquences déroutantes de son absence alors que l'accouchement devenait de plus en plus médicalisé, que la prématurité et les naissances par césarienne augmentaient, que l'allaitement maternel tombait en désuétude et que dans chacun de ces cas, l'enfant était systématiquement séparé de sa mère et éloigné d'elle dès son premier cri pour ne lui être redonné que des heures, des jours ou des semaines plus tard.

Déjà en 1907, Pierre Budin[4], un célèbre gynécologue français, auteur du premier manuel de néonatologie, ferme avocat de l'allaitement maternel, initiateur des consultations pour nourrissons et inventeur de l'incubateur en vitre, avait observé que la séparation précoce de la mère et de son bébé prématuré empêchait celle-ci de s'attacher à lui et l'amenait à se désintéresser de son bien-être puis à l'abandonner. « La vie du petit a été sauvée, c'est vrai, observait-il, mais au prix de la mère... » Une femme qui ne peut pas regarder son enfant en face, qui ne peut pas le toucher, qui ne peut pas s'occuper de lui en le nourrissant, en l'habillant, en le baignant, en changeant ses couches, en le berçant et en l'endormant, a beaucoup de difficulté à demeurer attentive à ses besoins et très bientôt, elle agit comme si elle n'avait pas d'enfant, comme si elle n'était pas mère.

« Une mère oublie-t-elle l'enfant qu'elle allaite ? » Non... mais le proverbe est ancien et il affirme : « Loin des yeux, loin du cœur. » Une femme à qui on enlève son bébé au moment où elle devait s'y attacher, ne l'allaite pas. Elle s'en désintéresse parce que l'amour sans attachement devient trop dur, trop exigeant, trop pénible à vivre. Pour une mère, l'enfant qu'elle a mis au monde devient *son* enfant dans la mesure où elle a pu s'occuper de lui précocement et étroitement. Alors la force du sentiment de possession devient la mesure de la puissance du dévouement et la légitimation des plus grands sacrifices effacés dans un souffle : « C'est *mon* enfant. C'est pour *mon* enfant. *Mon* enfant. »

Hélas ! une séparation hâtive de la mère et de son enfant l'amène, elle, à se détacher de lui, à le considérer comme ne lui appartenant pas, comme étant mort ou disparu... Il n'y a rien de plus torturant que d'avoir à aimer d'un amour qui exige tout de soi, quelqu'un que l'on ressent comme un étranger, comme un intrus. Les enfants élevés par des mères qui n'ont pas pu s'y attacher *bien qu'elles les aimaient,* sont des enfants à risque. Ils subissent très facilement des mauvais traitements (coups, cris, insultes, punitions excessives, chantage sentimental, manipulations diverses) et connaissent souvent un arrêt ou un retard de croissance prononcé. Un attachement raté, c'est la teigne de l'amour.

Une sexualité autistique

Pour des milliers d'individus, la révolution industrielle au XIXe siècle a provoqué le déplacement, du jour au lendemain, du travail de la maison à l'usine. Ce déplacement a entraîné la séparation quotidienne de l'homme et de sa femme et de ses enfants. Les activités millénaires qui avaient toujours été faites à deux, pouvaient maintenant se poursuivre séparément. Le mari et sa femme ne travaillaient plus ensemble, ils ne faisaient plus la même chose, ils n'étaient plus chez eux.

S'il fallait déclarer quel est le plus grave bouleversement du XXe siècle, il faudrait, j'en suis sûre, signaler un phénomène à nouveau unique dans l'histoire de l'humanité et tout à fait inédit, original, inusité : Le déplacement de la maison à l'hôpital, des événements les plus fondamentaux de la vie, la naissance et la mort. Les expériences spécifiquement humaines de l'attachement et du détachement ont ainsi été perturbées, défigurées, attaquées, vidées de leur signification, privées des traditions qui ont de tout temps permis leur bon déroulement et leur plein développement.

Aujourd'hui, on naît seul. On meurt seul. Ou presque. En tout cas, on naît et on meurt avec des étrangers, en terre étrangère. À la naissance, l'attachement n'a pas lieu. À la mort, le détachement n'a pas lieu. On refuse de s'attacher aux vivants. On ne désire guère se détacher des morts...

Rien n'est plus à sa place. On ne sait pas sourire à un nouveau-né, l'embrasser et le regarder en face et on ne sait pas pleurer un mort et porter le deuil. On a perdu les rituels qui s'apprenaient autrefois dans le quotidien, dès l'enfance : Un bébé naissait et c'était à la maison. Un grand-père mourait et c'était à la maison. Plus, une sœur était courtisée et c'était à la maison. On apprenait ainsi à manifester aux autres des sentiments généralement inexprimés. On apprenait à se comporter à l'égard de ceux que la vie, la mort et l'amour visitaient. On apprenait... et quand c'était son tour, on savait y faire parce qu'on l'avait déjà vu faire...

Le tragique de tout cela c'est qu'en perdant le code pour naître[5] et le code pour mourir[6], on a aussi perdu le code pour aimer. On ne sait plus faire sa cour, car pour aimer l'autre différent de soi, il faut avoir appris à se détacher et il faut désirer s'attacher. Aimer, c'est naître à l'autre et mourir à soi-même.

Revenons à ce que cœur de femme veut. Une femme veut sentir l'attachement profond d'un homme pour elle, attachement profond qui n'est possible que si l'homme, au préalable, a connu un détachement[7] profond de son père et de sa mère. Rappelons-nous que le premier commandement de l'amour est le suivant : « L'homme quittera son père et sa mère, il s'attachera à sa femme et les deux deviendront une seule chair. » De plus en plus, les choses se compliquent... Un enfant qui n'a pas connu le privilège de l'attachement à ses parents et à travers eux à la réalité du monde, perd la force psychologique du détachement, et à l'âge adulte il n'entrevoit pas la possibilité de rompre avec l'univers de son enfance parce que, dans cet univers, il a appris à faire de sa personne le centre et la source de ses préoccupations, de ses occupations et de ses satisfactions. Oh ! que le désir féminin se réveille ! L'incapacité de s'attacher à l'autre différent de soi cache l'incapacité de se détacher de son propre corps devenu le seul repère humain sur lequel on a appris à compter pour se consoler, s'encourager, libérer ses tensions et affirmer son existence[7].

L'autoérotisme, quels que soient ses modes d'expression, est une prison, et l'individu qui y est incarcéré est incapable d'« orienter sa sympathie sexuelle vers des êtres du sexe opposé ». Il reste fixé à lui-même et développe un comportement timide, renfermé, secret et asocial. Son refus d'entrer en rapport avec l'autre différent de soi en fait un être solitaire qui crée sa solitude et qui l'amène à exclure de sa vie l'autre en tant qu'individualité. L'autre n'existe, s'il existe, que dans la mesure où il coïncide avec sa propre personne. La victime de l'autoérotisme oblige l'autre à n'être qu'un figurant, un simple spectateur ou un élément déclencheur de sa satisfaction personnelle. La fixation à son propre corps s'exprime dans les diverses formes de masturbation, l'anonymat[9] dans les rapports sexuels et le refus de l'engagement qui témoignent toujours de l'impossibilité de s'affirmer honnêtement dans le domaine social.

L'attachement à son propre corps est une forme de sexualité qui condamne à la solitude (même quand on est à deux !), à la stérilité et à la médiocrité. Il n'offre aucune chance d'élévation à la personnalité de l'individu ainsi privé de sentiments idéalisés tels que l'amour, le dévouement, la foi car pour que ces sentiments naissent dans le cœur, il faut vouloir le « toi » plus que le « moi ». Un comportement sexuel qui refuse de se lier à l'autre est tout simplement autistique[10]. Il démontre que la seule recherche de l'individu est son plaisir personnel à lui tout seul. La personne autoérotique a appris à se soumettre à ses propres instincts qui ont assez rapidement pris « un caractère de servitude, d'irrévocabilité et d'automatisme rigide ». L'autistique sexuel a des besoins, des désirs et des volontés oppressifs et maladifs et ceux-ci prennent une place toujours plus grande dans sa vie tandis que tout ce qui a rapport à l'autre rapetisse, devient lilliputien et disparaît à l'horizon de sa folie.

Le comportement autoérotique qui amortit l'échec de ne pas avoir pu former une association avec un partenaire du sexe opposé, qui permet la persistance du narcissisme et de la fixation affective à soi-même, qui facilite l'absence de but social et affectif [11], sous-tend tous les autres comportements sexuels déviés. Entre le refus de se détacher de son enfance et le refus de s'attacher à une femme, il y a pour l'homme toute la zone grise de ses frustrations, de ses colères, de ses révoltes et de ses haines qui, s'il ne les délaisse pas volontairement[12], vont se cristalliser dans l'incapacité petite, moyenne, grande ou absolue d'aimer.

La fuite devant la virilité

Ce que cœur de femme veut, c'est être aimée avec des regards de tendresse, des gestes de douceur, prodigués en abondance, plusieurs fois par jour, tous les jours, sans en manquer un seul, par un homme qui l'appelle avec sérieux, sincérité et *vérité*: *Ma* chérie, *ma* femme, *mon* épouse, *mon* amour. Ce que cœur de femme veut, c'est un amour infini dans une relation définie par un possessif librement, volontairement, joyeusement consenti. L'amour donne le privilège de la possession et la possession place dans l'obligation d'être responsable. On ne peut pas être responsable de ce qui n'est pas à nous. C'est pourquoi tout, mais absolument tout ce qui affaiblit le possessif, affaiblit l'amour. L'amour qui se veut sans possessif est irresponsabilité et conduit au désintéressement, à l'indifférence, à l'abandon.

Pourquoi une mère aime-t-elle son enfant? Très simplement parce qu'il est *son* enfant. Que peut-on ajouter à cela? Une mère aime son enfant parce qu'il est sien, et tant qu'elle le considère sien, elle l'aime et elle n'a qu'un but, le chérir, lui faire du bien, le protéger, le gâter, l'entourer, le soigner, le nourrir, l'habiller, l'éduquer et quoi encore ? C'est son enfant, son enfant à elle, parce qu'il est sien, qui lui donne des insomnies, qui la fait pleurer et prier : « Mon Dieu, garde *mon* enfant, sauve *mon* enfant, bénis *mon* enfant, ramène *mon* enfant... » Dans ce possessif se concentre toute la persuasion dont une femme est capable. Urgente, suppliante, évidente, sa requête s'appuie de toutes ses forces sur ce seul petit mot : *Mon, mon* enfant.

Un homme, un véritable homme, ne peut pas aimer sa femme moins qu'une véritable mère aime son enfant ! Un homme doit donc commencer par gagner le cœur de la femme qu'il aime. Il faut qu'elle soit sienne. Il a besoin qu'elle lui appartienne pour qu'il puisse l'aimer de toute la force de son être, sans restriction. Une femme qui se refuse à la possession, et il y a mille moyens subtils de le faire[13], se refuse à l'amour car le langage universel de l'amour est : mon, ma, mes. Évidemment, on ne peut posséder que ce qu'on a mérité, conquis, acquis. Ce qui est volé, ce que l'on a dérobé, n'est jamais à soi quoi qu'on puisse se dire et dire aux autres, pour s'en convaincre et les convaincre.

Un dilemme profond du désir féminin surgit à nouveau : Un homme ne peut pas posséder la femme de son prochain. Soit. Mais il ne peut pas non plus pleinement aimer une femme qu'il ne possède pas. (Tout comme une mère ne cherche pas à aimer l'enfant de sa voisine. La logique est là : Il n'est tout simplement pas à elle !) L'impossibilité de posséder une femme car elle appartient déjà à un autre et le refus de la posséder car on ne veut pas la faire sienne, enchaînent la femme à un mensonge qui, comme tous les mensonges, plante dans son cœur l'anxiété et la colère, sources amères d'insécurité et de dépression.

Mais ce mensonge fait plus. Ce mensonge – tu n'es pas à moi, mais je t'aime ou je t'aime, mais je ne te veux pas – ce mensonge, trame et chaîne de l'opéra, du théâtre et du cinéma, dépersonnalise, banalise, déréalise la femme. Les observateurs de notre temps parlent d'un relâchement des mœurs sexuelles avant le mariage, de l'adultère plus fréquent et de l'exigence moins sévère de la virginité pour la femme qui « ont contribué à amoindrir le mépris que l'on vouait autrefois à la prostitution[15] » tout en étendant à toutes les femmes le mépris que l'on voue aux prostituées et aux relations sexuelles uniquement physiologiques.

L'amour sans possessif, sans engagement, sans attachement est une forme de prostitution car il ne sert qu'à nourrir l'autoérotisme de l'individu. Chaque fois qu'un homme et qu'une femme ne se lient pas l'un à l'autre, l'un pour l'autre pour s'aimer pour la vie, ils restent l'un et l'autre attaché à leur propre corps d'une manière autistique, narcissique, égocentrique et chacun déclare que la seule réalité qu'il reconnaît dans le monde entier, c'est lui-même ! Le psychisme de ceux qui veulent les gestes de l'amour sans les sentiments de l'amour, les condamne à la solitude. Un comportement sexuel axé sur le plaisir de soi devient recherche de sensations strictement physiques, sensations vite caractérisées par leur courte durée et leur automatisme ponctuel. On refuse d'investir dans ce qu'on ose encore nommer amour, « un capital émotionnel supérieur à celui qui est absolument nécessaire ». Les rapports sexuels sont devenus une issue pour des tensions psychiques, un tranquillisant avec cependant des effets secondaires graves... Les rapports amoureux avec des partenaires sans cesse renouvelés transforment la sexualité humaine en une véritable rage de la promiscuité. Le monde devient une vaste maison close et jour après jour, des millions de femmes ont... « les mains sur le seuil »...

La rage ne s'arrête pas là. Partout, découpés en morceaux par la photographie, des corps de concubines sont envoyés dans les douze coins du monde. L'omniprésence des images érotiques dans la publicité actuelle, les magazines, le cinéma, la musique populaire, les placards publicitaires, la télévision, est telle qu'elle confine à du harcèlement. La pression est constante. Images et clichés érotiques ont envahi les lieux publics. Méprisant les droits de la personne à la liberté de conscience et à la vie privée, ils disloquent l'imagination de l'individu. On impose des sentiments tout à fait standardisés, et en les étalant publiquement, on prive l'individu du privilège d'accomplir son activité sexuelle dans son intimité en faisant appel à des sentiments ressentis, créés, inventés par lui-même. On force la standardisation du comportement sexuel et on provoque l'uniformisation du psychisme mais dans une direction totalement à l'opposé du désir féminin car « toute circonstance qui intensifie artificiellement le besoin sexuel pousse beaucoup plus à la pratique autoérotique qu'à la satisfaction normale[16]. »

La pornographie[17], c'est de la hainc en liberté qui interne l'être humain dans le bagne de son « moi » hideusement défiguré.

La panoplie de cette science du vice envahit le quotidien. Où peut-on aller, que peut-on faire sans être de plus en plus éclaboussé de ses ordures ? Gargouilles de fin du monde, des affiches, des enseignes lumineuses et des photographies odieuses maintenant peuplent même l'univers des bonnes gens, des démons de la chair qui invitent à l'enfer sur cette terre...

Pourtant encore et toujours et à jamais, ce que cœur de femme veut, c'est être aimée ! Assez de se fêter ses propres anniversaires ! Assez de se sortir soi-même au restaurant ! Assez de s'offrir des fleurs et de s'écrire sa propre carte : À moi de moi ! Assez ! Ce que cœur de femme veut, c'est être aimée... mais comment l'amour peut-il être possible sans vertu ?

Quand dans une société ce n'est plus le comportement anormal qui est suspect mais tout simplement le simple fait de le déclarer tel qui éveille la suspicion et soulève l'indignation, on peut se demander comment définir la vertu. Le septième commandement de Dieu dit : « Tu ne commettras point d'adultère » et Jésus en a donné l'explication : « Je vous dis que quiconque regarde une femme pour la convoiter a déjà commis un adultère avec elle dans son cœur. » On a ici la semence de deux concepts qui ont marqué, si pas fait, notre civilisation, soit la nécessité d'une morale publique (on a la responsabilité de l'influence que l'on a sur les autres) et le droit à la vie privée (le « cœur » de l'individu demeure l'ultime frontière dont il est finalement l'unique responsable). Dans la vie pratique, ces notions ont favorisé le développement de la bienséance et des bonnes manières définies comme étant la somme de tout ce qui peut et doit se faire parce que l'on pense aux autres plutôt qu'à soi.

Ces principes moraux rigoureux ont cependant fait plus : En apprenant à l'homme à renoncer à sa nature brute, ils lui ont donné la capacité de se distancer de soi-même pour se rapprocher de l'autre ; ils ont transformé la poursuite de buts uniquement personnels en buts et accomplissements collectifs et ils lui ont insufflé le sens, le respect et la responsabilité de la possession. La vertu est le prérequis d'une haute civilisation car la générosité de pensée, la science et l'héroïsme reposent sur l'altruisme qui ne s'obtient que par l'empire sur les passions grâce à l'abolition de plus en plus totale de l'égoïsme humain. Finalement, ces principes moraux, « tu ne commettras point d'adultère » et « tu ne convoiteras pas la femme de ton prochain » ne serait-ce qu'en pensée, ont tout simplement donné naissance à l'amour en Occident car ils ont permis à la femme de vivre avec confiance le désir féminin : être aimée pleinement, totalement, exclusivement, éternellement.

Aujourd'hui on parle d'une fuite de l'homme devant la virilité. On tente d'expliquer cette difficulté d'être

« homme » par les dépressions économiques successives, le chômage, les deux grandes guerres, la hantise d'une autre guerre, les ambitions exagérées en vue d'une réussite professionnelle, l'âpre concurrence qui existe dans le monde économique, et même par la femme devenue concurrente et « égale » de l'homme dans le domaine professionnel, consommatrice principale des biens produits dans notre société et donc très exigeante à l'égard de l'homme dont elle réclame la réussite et de fortes capacités d'avancement... On déclare que de plus en plus d'hommes ne se sentent pas de taille à assumer leur rôle social et c'est ainsi qu'ils se retranchent dans le domaine sexuel dans une situation de « protégé » plutôt que celle de protecteur. Ils acceptent – et vont jusqu'à désirer – de se faire « accrocher » plutôt que de choisir une femme et de lui faire la cour pour gagner... son cœur... On justifie la crainte d'assumer le rôle d'homme en pointant le nivellement des rôles de l'homme et de la femme dans notre société. On parle de « neutralité » des sexes et du refoulement de la virilité vers des zones de la personnalité de plus en plus subjectives.

L'homme semble avoir perdu de son autorité personnelle par rapport à sa femme et ne plus ressentir les exigences sociales de la paternité. Être mari, être père ne véhiculent plus des notions de virilité accomplie. Le mariage, parce qu'il a cessé d'être défini par la chasteté prénuptiale et la fidélité conjugale, ne constitue plus une ancre dans la vie sociale de l'homme. Sous l'effet des adultères multiples, tous les rapports humains, sont progressivement caractérisés par l'instabilité. Ils manquent d'assises sociales profondes, de continuité. Ils présentent une absence réelle de liens affectifs et souvent ils ne dépassent pas l'anonymat.

Aussi surprenant que cela puisse paraître comment peut-il en être autrement quand le but des rapports humains n'est plus qu'ils soient durables mais qu'ils satisfassent des fantaisies grotesques apprises au contact de la culture pornographique ? Un homme qui s'est laissé enchaîner à des pulsions dirigées sur lui-même et séduire par des sensations fournies par son propre corps devient la victime d'un autoérotisme absolu. Dans un retour à lui, il a perdu l'élan normal vers l'autre différent de soi qui est le résultat et la preuve de la maturité. Alors, même en présence de la femme, il connaît un isolement sexuel angoissant et torturant ; et tandis que ses yeux brillent d'un éclat étrange, il sait qu'il est plus brute qu'homme. La honte laboure son cœur et les sillons qu'elle trace précipitent sa fuite devant la virilité. Il refuse de s'engager. Il refuse de posséder. Il refuse d'être responsable. Il refuse d'aimer.

Il y a deux mille ans, la civilisation romaine, en tous points, en était exactement au même point que la nôtre, maintenant au XXIe siècle. Pas besoin de détails. De ses cendres devait naître notre civilisation occidentale, engendrée par le principe chrétien de la rédemption[17], marquée par une appréciation différenciée du rôle de l'homme et de la femme, stabilisée par l'établissement d'une stricte monogamie. Elle devait, dès ses débuts, présenter une très grande richesse culturelle liée au fait qu'elle exploitait la complexité du comportement humain pour le diviser en comportement masculin *et* féminin. Aujourd'hui vouloir niveler les rôles et les devoirs de l'homme et de la femme, signifie sans contredit essayer de modifier les bases mêmes de notre civilisation traditionnelle et appauvrir son niveau culturel. De plus, en rayant la spécificité du comportement féminin pour le confondre avec le comportement masculin, on provoque la disparition progressive de la possibilité d'un comportement différent des minorités et sa justification ! Notre civilisation devait aussi remettre à l'honneur un idéal du mariage tout à fait unique. En monopolisant les relations sexuelles des conjoints à l'intérieur de leur engagement l'un envers l'autre, le mariage de forme monogamique permettait de les détacher d'un désir personnel de bonheur strictement sexuel. Plus, cet idéal offrait aux conjoints la perspective d'une union qui persiste grâce à la procréation et qui va au-delà de la mort grâce à la résurrection. La sexualité humaine devenait ainsi un moyen de fondre les élans les plus spirituels et les plus sublimes de l'existence.

Finalement, la notion d'un Salut offert à tous gratuitement, la prédication d'un Sauveur capable de régénérer « des débauchés, des idolâtres, des adultères, des pédérastes de tout genre, des voleurs, des accapareurs, des ivrognes, des calomniateurs et des filous » devaient mettre en valeur dans notre civilisation le code moral des dix commandements de Dieu dont le but est de présenter la norme du comportement humain, de l'arracher à l'état brut, de l'« humaniser », de lui présenter une réglementation, une discipline et une direction qui bien qu'étant contraires aux tendances spontanées de l'homme et de la femme, leur sont cependant indispensables, s'ils veulent connaître une vie meilleure.

La fuite devant la virilité cesse le jour où commence la fuite devant la débauche. On pourrait, on voudrait donner plusieurs définitions de la débauche ou n'en donner pas du tout, question de se sentir moins concerné, mais au Ie siècle de notre ère, il était clairement dit : « Ne vous enivrez pas de vin : c'est de la débauche. » L'alcool et la luxure ont toujours marché de pair et en notre XXIe siècle, on affirme encore que les excitants, les drogues et l'alcool notamment, en créant des états de défoulement, sont la cause d'un très grand nombre de tragédies et de crimes sexuels envers les enfants, les femmes et les hommes. Un sociologue, Buerger-Prinz, explique ce phénomène : « L'absorption d'alcool implique une atmosphère de plus grande confiance et d'intimité, cela signifie des conversations axées sur la sexualité, une surexcitation libidineuse ainsi que la suppression des facteurs de direction morale, c'est-à-dire une diminution des exigences d'ordre éthique de l'individu par rapport à lui-même. Cet état d'euphorie générale et de relâchement de tous les rapports civilisés des individus entre eux, libère l'homme de ses obligations les plus rigoureuses », une de ces obligations les plus rigoureuses étant d'être un homme, d'aimer une femme et de chérir et protéger ses enfants.

Cependant là où les hommes boivent, inutile d'y penser, la virilité s'évanouit, l'amour disparaît. Contrairement à tout ce qu'on veut faire croire, cette drogue, l'alcool, est une cause majeure de l'impuissance qui, en Amérique du Nord, peut frapper jusqu'à un homme sur quatre (impuissance partielle). C'est aussi une cause d'infertilité masculine et de l'atrophie des testicules. Un homme qui boit régulièrement perd rapidement toute capacité sexuelle normale. C'est pourquoi les victimes de l'alcool se rabattent toujours sur les diverses formes d'auto-érotisme... L'alcool rend les hommes esclaves de passions effrénées et d'odieuses convoitises. L'alcool distrait les sens, dirige l'esprit vers le mal, incite à la violence et au crime. Il affaiblit le corps, obscurcit l'intelligence, avilit l'âme. Les ténèbres morales, ainsi qu'un drap mortuaire, couvrent les foyers de ceux qui boivent et projettent sur les femmes et les enfants, les ombres grinçantes et hurlantes du désespoir.

Ah! quelle souffrance de cœur ! Comment se taire ? On annonce ruine sur ruine... Partout les femmes ont... « les mains sur le seuil »... Qui veut agir ? Il est temps de ressortir la bannière de la tempérance[18]. Rejetons les activités de la noirceur. Marchons honnêtement, *loin* des ripailles et des beuveries, *loin* des coucheries et des débauches. La nuit est avancée mais pour qui veut, le jour approche.

L'amour d'un homme

Il n'y a rien de plus grand au monde que l'amour d'un homme qui a décidé d'être homme et qui veut aimer. Alors, quand de tout cet amour, il aime une femme, une seule, une unique, cet amour peut être si puissant que le christianisme l'exemplifie par l'amour du Christ le Sauveur pour Son Église. Amour unique. Amour fidèle. Amour qui se sacrifie. Amour qui se livre. Amour qui protège. Amour possessif: Le mari doit aimer sa femme comme son propre corps. Celui qui aime sa femme, s'aime lui-même. Car personne n'a jamais haï sa propre chair; mais il la nourrit et en prend soin... Amour qui s'attache, qui attache, qui est attaché: Les deux deviendront une seule chair.

Dans une relation entre un homme et une femme, la période sensible qui permet l'attachement est la période pré-nuptiale dans la mesure où elle est marquée par la chasteté ce qui forcera l'amour à s'exprimer par la tendresse et lui imprimera la retenue et la douceur d'une affection pure et désintéressée. Les yeux dans les yeux, la main dans la main, passer des heures à bavarder, à échanger, à raconter... Affirmer avec bonheur que l'autre est à soi et que l'on est à l'autre. Répéter avec ravissement « elle est à moi, je suis à lui », par choix, par consentement, par entente profonde... Voilà comment on bâtit sur le roc en amour.

Oh! c'est quand elles avouent enfin leur besoin d'être aimées que les femmes découvrent soudain qu'elles sont des fleurs qui réclament des soins aux tons pastels pour s'épanouir et répandre le parfum de leur douceur. C'est alors que le désir féminin se met à languir et à supplier: « Prends-moi dans tes bras, sers-moi fort, caresse mes cheveux, baise mon front, mets ton bras autour de ma taille... » Qui écoute, qui consent, gagne à coup sûr, car une femme qui se sent aimée développe envers l'homme qui l'aime ainsi une allégeance inflexible, source d'émulation prodigieuse de toute virilité.

L'amour simple, l'amour qui se dit avant de se faire, avec des regards doux, des caresses douces, des mots doux et des fleurs et des poèmes et de légers baisers et des sourires tendres et des promesses sans condition, produit la fidélité. L'homme qui a confiance dans une femme qu'il sait être sienne parce qu'il a pris le temps de s'attacher à elle, possède le vrai bonheur. Il peut enfin accéder aux tâches qui incombent à l'esprit.

L'attachement garantit un amour total et exclusif et ce faisant il impose à l'homme une haute monogamie au sein de laquelle son épouse acquiert une valeur individuelle en jouant un rôle unique qui dépasse de beaucoup sa fonction biologique. L'attachement produit une idéalisation ainsi qu'une appréciation très élevée de la femme et il conduit à la possibilité pour l'homme et la femme de se tenir côte à côte sur un pied d'égalité affective : Il l'aime et elle est aimée de lui. Selon le sociologue H. Schelsky, « l'émancipation de la femme deviendra réalité historique dès que la monogamie absolue se sera imposée[19]. » Elle est réalité actuelle chaque fois que dans un couple, l'amour règne grâce à l'attachement. Une femme aimée est une femme libre.

Et voilà, tout simplement, ce que cœur de femme veut... : l'amour d'un homme qui veut aimer, l'amour d'un homme qui veut l'aimer, l'amour d'un homme qui a choisi de n'aimer qu'elle, pour toujours. Alors, au cadran de la vie, le désir féminin prend enfin le visage de la quiétude. L'incomplétude est effacée. La solitude est conjurée.

7

La résistance féminine

LES FEMMES sont comme ça : Un jour, elles veulent puis un jour, elles ne veulent plus. Elles ont toujours et encore le même besoin d'être aimées, mais elles ne veulent plus. C'est fini. Point. À la ligne.

Les malheurs ont le triste effet de rendre les femmes méfiantes et c'est comme si, à la longue, ils les crispaient au point de les rendre réfractaires à cette révolution de l'âme qu'est l'amour. Après un certain nombre de déceptions cruelles et douloureuses, elles sentent leur cœur rétrécir puis se durcir. Et tout d'un coup, les mots et les gestes de l'amour les angoissent et de tout leur être, elles repoussent quiconque cherche à les aimer sincèrement. Elles ont le sentiment d'étouffer. Elles veulent de l'air, de la place, de l'espace. Semblables à des biches aux abois, elles fuient, saisies du sentiment très net qu'elles sont traquées... Alors tremblantes, conscientes de leur faiblesse, elles résistent à l'homme avec les armes qu'elles trouvent à leur portée. Pour les unes, c'est la moquerie ou le mépris, pour les autres, c'est un désir d'indépendance obstiné ou désinvolte... Ayant trop souvent dit oui trop vite, elles disent maintenant non trop fort.

Les femmes, certes, sont capables d'engloutir le désir féminin sous une résistance farouche à l'amour qui veut s'engager et posséder. Elles peuvent devenir aveugles au véritable amour et ne plus être capables de le reconnaître quand il passe. Dans leur détermination à ne pas se laisser aimer, elles frustrent les hommes et elles les forcent à perdre de leur agressivité virile qui est un élément essentiel de la puissance masculine. Le chagrin a exacerbé leur vulnérabilité. Transformées en petites filles sur le plan affectif, elles rêvent maintenant d'une camaraderie scoute et elles ne supportent plus dans leur cercle intime, la présence d'un individu qui déclare par son comportement, son intention de les conquérir.

Peu d'hommes soupçonnent la profondeur de l'enracinement des résistances de la nature féminine, et moins encore, les prennent au sérieux. Ainsi lorsque leurs tentatives de les conquérir échouent, ils sont déçus et se découragent. Ils se sentent blessés dans leur amour-propre et au lieu de tout simplement répéter leurs avances avec tact et compréhension, ils se permettent de manifester leur mauvaise humeur par des bouderies, des reproches, des critiques, des moqueries ou même des humiliations et des menaces.

Les hommes ignorent qu'en dévoilant si directement combien leur vanité est grande et chatouilleuse, ils poussent dangereusement les femmes à croire qu'ils ne désirent en fin de compte que leur « corps »... Or il n'y a pas de sentiment plus destructeur du désir féminin que ce terrible soupçon qui installe dans la conscience féminine une détresse psychique intense. Ce dont une femme a besoin, c'est de céder son cœur, c'est de pouvoir le placer tout entier entre les mains d'un homme fort et tendre, *après* avoir obtenu la certitude et les garanties qu'elle pouvait le faire en toute confiance. Un homme doit avoir du prestige aux yeux d'une femme s'il veut un jour la posséder. Or une femme juge toujours la virilité d'un homme premièrement à la solidité et à la ténacité de son initiative amoureuse et deuxièmement à la sincérité de sa respectueuse et affectueuse retenue... C'est pourquoi, c'est ainsi, c'est normal, c'est obligatoire : Chez une vraie femme, le désir de donner son cœur et celui de donner son corps ne sont jamais synchronisés. Une femme saine donne son corps *quand* elle a donné son cœur. Elle va toujours d'abord chercher à ressentir des sentiments profonds et vrais envers un homme, et ce n'est que dans la mesure où ces sentiments la subjuguent tout entière qu'elle consent enfin au don physique qui devient pour elle la preuve et le gage ultime et sans retour de son amour.

Pendant des millénaires, les lois sexuelles judéo-chrétiennes ont sauvegardé l'amour. En imposant à la sexualité les limites précises et strictes du mariage monogamique, elles ont empêché que celle-ci ne tombe dans l'insignifiance. En faisant de la sexualité un privilège exclusif de l'amour engagé, elles ont contraint l'homme et la femme au face à face et elles ont lutté contre la sexualité anonyme, ce mécanisme d'évasion jusqu'à la nausée. En liant d'une façon indissoluble la sexualité à l'amour, elles ont contrecarré le désir masculin de fuir les responsabilités et elles ont véritablement, honnêtement, sincèrement protégé l'intimité psychique de la femme.

La base et le principe même du bonheur féminin est l'abandon. La base et le principe même du bonheur masculin est la conquête. Il n'y a pas d'abandon sans conquête. Il n'y a pas de conquête sans abandon. Mais que disons-nous ? Abandon de quoi, conquête de qui ? Oh ! que l'amour serait simple si l'homme et la femme étaient incapables de mensonge !

Un homme dont le comportement est mâle possède dans son psychisme un instinct de combativité qui l'amène à vouloir conquérir la femme et donc à vouloir, moralement bien sûr, la solliciter, la pourchasser, l'assaillir. Cet instinct est toujours accompagné d'une attitude agressive envers les autres hommes traités en concurrents. Un véritable homme est constamment en compétition, sur le qui-vive, à l'affût, car il sait qu'une femme n'est jamais conquise une fois pour toutes. L'homme qui est contraint par cette réalité, reste vigilant, sobre, protecteur, affectueux, attentif. Présent. En vérité, un homme n'est jamais plus humain que quand il est amoureux. Il s'efforce de présenter à la femme qu'il aime l'idéal accompli de lui-même. Il s'ennoblit et c'est ainsi qu'il trouve le chemin de son cœur... Dans la quête amoureuse, l'homme doit avoir la responsabilité de l'initiative amoureuse parce qu'il a besoin, pour être homme, de dominer activement. Un homme prend femme.

Une femme dont le comportement est féminin possède dans son psychisme un instinct de séduction qui porte ses désirs vers l'homme parce qu'elle ressent un besoin profond de protection, une faim chronique de tendresse, une soif morale d'amour. Connaissant et acceptant sa faiblesse, elle admire l'homme. Elle le sait et le voit plus fort, plus grand qu'elle. (Il faut qu'il soit meilleur qu'elle.) Elle envie la puissance de sa masculinité et c'est spontanément qu'elle veut se l'approprier pour en jouir. Alors quand un homme sait lui dire qu'il la désire, elle et pas une autre, quand il sait le dire suffisamment longtemps et suffisamment fort pour qu'elle en soit bien sûre, quand il sait lui démontrer qu'il a des qualités qui assureront sa sécurité, la femme aspire peu à peu à l'abandon de sa résistance intérieure à l'homme. Elle cesse d'être tiraillée entre ses élans qui la poussent à céder à ses avances et ceux qui la poussent à se défendre contre lui. Elle se détend et ce n'est qu'à partir de ce moment qu'un homme peut espérer enfin la posséder toute entière. Le miracle de l'abandon de la volonté féminine à l'homme produit toujours l'épanouissement mutuel d'une tendresse émotive puissante.

Donc l'homme doit conquérir la femme corps et âme, mais pour que cela puisse se produire, une femme doit être prête à abandonner sa volonté à l'homme qui l'a encouragée à s'appuyer sur lui et à compter sur lui. À ce moment, elle réalise qu'elle n'est plus toute seule, qu'elle n'est plus si faible. Sa force, son courage, sa bravoure, son agressivité sont à sa disposition. Elle a maintenant un homme tout entier à elle, tout entier pour elle. Dans son aspiration à un amour total, elle le prend pour chef et pour maître. Dans son cœur naît la détermination de lui être fidèle et de l'entourer de respect. Elle rend les armes. Elle abdique. Elle se soumet à son amour pour elle, et elle en retire une immense fierté qui illumine tout son être. Une femme cède à un homme.

Entre tout homme qui veut aimer et toute femme qui veut être aimée, il se crée automatiquement une tension, c'est ce qu'on appelle *la tension amoureuse,* faite de la force que l'homme déploie pour aimer et de la résistance que la femme lui oppose. Cette tension est indispensable à l'assouvissement des instincts de combativité et de compatibilité masculin et féminin et à l'accomplissement des besoins de conquête et d'abandon masculin et féminin. Sans tension amoureuse, il n'y a pas de préparation à l'action chez l'homme et il ne pourra pas y avoir de détente chez la femme.

En fait, les défauts de la tension amoureuse sont les causes premières et souvent ultimes des échecs de l'amour. Impossible à l'amour de naître quand l'homme ne consacre pas une force suffisante à sa réalisation et impossible à l'amour de se consommer quand la femme lui oppose indéfiniment une résistance farouche. Une femme ne peut être heureuse en amour que lorsqu'après avoir combattu, elle se rend.

Cette réalité contient une partie du drame du désir féminin : Pour combattre et se rendre, pour croire à sa sincérité et céder à ses avances, une femme doit rencontrer chez l'homme une volonté de la conquérir *qui ne recule pas.* On ne peut céder qu'à une force. Jamais à de la mollesse. Beaucoup d'hommes maquillent leur mollesse sous des excès de timidité, de délicatesse ou de tact, excès qui véhiculent tous aux yeux d'une femme qui veut être aimée une notion de dédain, de mépris. D'autres hommes cachent leur mollesse sous le masque de l'amitié. Or la camaraderie trop prononcée empêche toujours la tension amoureuse même quand elle pense la provoquer. Une femme normale ne peut alors s'empêcher de penser que le désir de l'homme n'est pas aussi fort qu'elle l'imaginait et généralement, elle en conçoit assez rapidement du ressentiment et de la colère. Malheureusement, certaines femmes commettent la même erreur mais avec des conséquences plus graves. En jouant à être copines avec un homme, elles l'acculent dans une situation anormale où il ne peut être lui-même, soit un conquérant. En amour, un homme doit toujours mener le jeu parce que s'il ne s'affirme pas, la femme ne cédera jamais. Il aura alors tendance à retourner contre elle, et souvent très inconsciemment, l'agressivité qu'il devrait avoir envers les autres hommes. Selon son degré de culture, cette agressivité tournera à de l'agression verbale, physique, psychologique ou sexuelle. L'agressivité masculine est toujours liée à l'affirmation de soi. Plus un homme se sent menacé dans sa virilité par une femme qui se refuse à son amour, plus il est poussé à user envers elle de la domination de la force, question de rester quand même homme à ses propres yeux. La violence masculine est une réponse malheureuse à la résistance féminine devenue provocation.

La résistance féminine est une défense. Elle naît de la peur, de la peur normale qui subsiste (et doit subsister) tant qu'on ne sait pas à qui on a à faire... puis de cette peur qui vient d'avoir subi des abus dans le passé... et aussi de cette peur qui redoute d'être lâchée dans l'avenir. Ces peurs sont réelles et normales bien qu'elles soient généralement le résultat de relations antérieures fâcheuses. La conséquence tangible d'un amour vrai, patient, tendre, fidèle est l'effacement progressif de ces peurs et l'abaissement des défenses pour permettre finalement un abandon heureux. Mais il est une peur qui, lorsqu'elle saisit l'âme d'une femme, la convulse et la décompose. Cette peur effroyable surgit chaque fois qu'une femme se met à soupçonner qu'en fin de compte, qu'après tout, que malgré tout, elle n'est pas aimée... pire, qu'elle ne l'a jamais été comme elle l'aurait désiré et espéré. Ce qu'elle a accepté pour de l'amour, n'était que de la convoitise ou de la sensualité ou de l'enfantillage. On voulait son corps pour assouvir des passions mais on a méprisé son cœur et ses aspirations légitimes. De cette peur, qu'elle soit fondée ou non, une femme en meurt. Sous l'effet de la domination qu'une telle frayeur exerce sur son esprit, la résistance d'une femme à un homme, au lieu de faiblir, s'intensifie et bientôt, elle se voit placée sur une corde raide où garder l'équilibre devient une angoisse de tous les instants. Son âme s'agite. Son corps dépérit. Elle est saisie d'un spasme affreux qui la transforme en une somnambule affective. Par un automatisme inconscient, elle pose encore les gestes plus ou moins coordonnés d'une femme satisfaite, mais son être a sonné le glas de l'amour. Elle vit alors, d'heure en heure, la peur du gibier devant le chasseur, la peur de la souris devant le chat, cette peur de ne pas être aimée qui dérègle les sens et installe au fond des yeux une folie froide comme la haine...

Oh ! pourquoi tant de mensonges quand l'amour est là pour construire une relation vraie entre deux êtres ?

Pourquoi les femmes cèdent-elles à des hommes qui n'ont pas assez insisté ? Pourquoi les hommes insistent-ils auprès de femmes qui ne leur ont pas cédé ? Il faut être plus précis. Pourquoi les femmes donnent-elles leur corps à des hommes qui n'ont pas réussi à captiver leur cœur ? Pourquoi les hommes veulent-ils le corps de femmes qui ne leur ont pas soumis leur cœur ? Malheur le mirage de la chair ! Malédiction le piège de la sensualité ! L'amour n'est pas une affaire de corps mais une affaire de cœur... C'est le cœur d'une femme qu'un homme doit conquérir s'il veut être viril et le rester. C'est son cœur qu'une femme doit abandonner à un homme si elle veut être féminine et le rester.

L'hypocrisie d'une relation qui n'est pas allée plus en profondeur que ce que les yeux voient et convoitent, perturbe le mécanisme psychique du désir chez l'homme et chez la femme. N'ayant pas pu ou n'ayant pas voulu céder à l'homme, la femme développe une attitude de masculinité à prendre sa place dans la vie. Cette attitude lui fait perdre le désir de s'appuyer sur lui et elle en arrive à considérer l'homme comme un compagnon nullement nécessaire à son existence. Or tous les hommes ont un ego extrêmement susceptible et dès qu'ils ressentent un tel manque de respect de leur personnalité, ils cessent de désirer protéger et chérir leur femme. La tension amoureuse se déforme. Elle devient hypotensive pour l'homme qui n'insiste plus et hypertensive pour la femme qui continue indéfiniment à résister. Mais, en fait, à quoi la femme résiste-t-elle, si ce n'est au désir féminin et donc à son propre besoin d'être aimée ?

La femme qui, en amour, résiste à l'homme, s'éteint pour sombrer dans une détresse mentale que l'on appelle la frigidité. Résistance ultime à l'homme, elle devient un moyen de le diminuer, de le châtrer, de le détruire car l'homme qui, en amour, ne réussit pas à vaincre, s'efféminise. Une femme frigide affirme sans détour qu'elle ne cède pas, qu'elle ne s'abandonne pas, qu'elle ne se soumet pas. Elle reste crispée, butée. Son attitude intérieure souvent sèche, obstinée et farouche, l'éloigne de la douceur et de la sensibilité féminine. Elle ne se laisse pas aller à ses propres émotions et en les repoussant, elle repousse également celles de son conjoint. Dès cet instant, la femme et l'homme, sont tous les deux précipités dans une folie sexuelle manifeste : alors qu'elle refuse « d'être prise », néanmoins elle « se laisse faire » par ennui, par mépris, et lui parce que, malgré tous ses efforts, il ne peut pas la prendre, il s'en désintéresse et il devient de moins en moins capable de soutenir une érection prolongée. Quand une femme ne se soumet pas de cœur à l'amour, elle ne peut pas être aimée de corps. Certes, une femme n'a pas la force physique de vaincre un homme, mais elle a la force psychologique de lui résister. Et chaque fois, sa résistance intérieure soulève dans le cœur de l'homme la fureur du mâle impuissant. L'amour qui doit être une source de satisfaction, devient une zone d'insécurité où l'homme et la femme louvoient en ennemis mortels.

L'amour est une puissance masculine et le besoin d'être aimée est une nécessité féminine. Pour être aimée une femme doit se soumettre à l'amour. Une femme qui ne cède pas à un homme, l'empêche de s'attacher à elle et il est alors normal qu'elle soit hantée nuit et jour de l'incertitude d'être aimée. La résistance féminine à l'amour d'un homme a toujours des conséquences tragiques. Lorsqu'un homme veut aimer fort une femme qui lui résiste fort, il s'ensuit de la frustration et lorsqu'une femme continue à résister fort à un homme qui ne pousse plus assez fort, il s'ensuit une insécurité mortelle qui prend pour la femme le visage de la terreur du lâchage et pour l'homme, celui de la crainte du refus, ce qui le fait insister encore moins fort...

Après des millénaires d'expérience et d'expérimentation, la soumission de la femme à l'homme reste la clé de voûte de l'amour authentique : Seule, elle permet à la tension amoureuse de se résoudre avec bonheur. En effaçant la crainte du refus toujours paralysante chez l'homme, elle calme la terreur du lâchage toujours paniquante chez la femme car quand une femme cède à un homme, il peut la prendre et la faire vraiment sienne. Ayant finalement accepté d'être possédée, elle est immédiatement envahie d'un sentiment de très grande sécurité qui chasse l'anxiété et lui donne la maturité des femmes aimées. Elle vit au quotidien le privilège de l'appartenance, et son sourire alors qu'elle fait briller à la lumière son alliance ou qu'elle se nomme « Madame » du nom de son mari, proclame son triomphe. Dans sa faiblesse, par sa faiblesse, elle a réussi à s'attacher la force et la puissance de l'amour d'un homme. Elle a la satisfaction exaltante d'avoir été distinguée, préférée aux autres. Son besoin infini de tendresse a été comblé parce que chérie pour elle-même, elle est maintenant protégée par un homme qu'en revanche, elle a la joie de combler de ses faveurs. Dans un couple, la grandeur de l'amour et sa profondeur sont proportionnées à la vigueur de la tension amoureuse qui s'établit entre un homme qui voulant protéger, veut conquérir et conquiert et une femme qui voulant respecter, veut se soumettre et se soumet.

Notre société a peur de l'amour. Elle en a peur parce qu'elle a peur de la vérité. C'est en amour qu'un homme sait s'il est homme ou non. C'est en amour qu'une femme sait si elle est femme ou non. On peut mentir aux autres et à soi-même dans la vie courante, au bureau, au magasin, au club, à l'église et ailleurs. Il est facile de nourrir l'illusion d'avoir des airs d'homme viril et de femme féminine en faisant appel aux artifices de la mode, du maquillage, de la coiffure, de la parure et de la parfumerie. Il est normal de ne pas vouloir voir que ces allures empruntées à une publicité perverse peuvent n'être que brutalité ou provocation... jusqu'au jour où dans un face à face incontournable l'homme est saisi de la réalité désobligeante qu'il est incapable de conquête et la femme, incapable d'abandon. Il est figé dans un immobilisme honteux. Elle est embourbée dans une résistance arrogante. Il ne veut pas donner. Elle ne veut pas recevoir.

L'amour est vérité. Un homme viril veut aimer. Une femme féminine veut être aimée. Plus un homme est homme, plus il veut aimer et donner... et conquérir pour aimer et donner. Plus une femme est femme, plus elle veut être aimée et recevoir... et se soumettre pour être aimée et recevoir. Un homme offre l'amour. Une femme l'accepte. Et c'est ainsi que l'un et l'autre se soudent l'un à l'autre dans un amour *accompli.*

La résistance féminine est donc une défense. C'est une réponse à la peur de ne pas être aimée qui, sous les coups répétés de déceptions renouvelées, se transforme insinueusement, tout malheureusement, en refus d'être aimée. La femme se met à nier son besoin de l'homme et elle est de moins en moins prête à accepter ses revendications, à supporter ses exigences, à satisfaire ses requêtes, à comprendre ses droits. Elle cesse d'être indulgente. Elle devient intraitable, déroutante. Irréductible. Ennemie de l'homme qu'elle voudrait maintenant anéantir. Mais même là, mais encore là, ses non sont un cri, un appel au secours. Ils sont l'écho du désir féminin qui n'est pas comblé, qui est méprisé, écho douloureux d'une souffrance amplifiée et répercutée dans tous les coins et recoins de sa vie vide. Qu'une femme se mette à désavouer son besoin d'être aimée et voilà qu'il se transforme en compulsion. À ne pas être aimée, elle ressent de plus en plus une angoisse ou une culpabilité délirantes. Dans sa fièvre, en totale opposition avec la réalité, elle oppose un non catégorique à l'amour tout en lui jetant quand même, malgré elle, un défi. Qui voudra, qui pourra le relever ? Ce qu'une telle femme désire à en mourir, c'est rencontrer un oui plus catégorique que son non. Elle en a mal à l'âme tant elle désirerait pouvoir céder... abdiquer... rendre les armes... lâcher prise... se reposer enfin... se laisser porter... placer sa tête sur une épaule robuste... fermer les yeux... et murmurer : « Prends soin de moi, protège-moi. » Hélas, trois fois hélas... il n'y a pas pire résistance que celle d'un cœur de femme dont le corps a déjà plié, et rares sont les hommes qui se préoccupent de gagner le cœur quand ils ont déjà eu accès au corps...

Les lois sexuelles et la tension amoureuse

Les deux pôles de l'amour sont *les lois sexuelles* – ce qui se fait et ce qui ne se fait pas ou plus précisément ce qui est permis et ce qui ne l'est pas ou plus directement ce qui est bien et ce qui est mal – et *la tension amoureuse*, seule capable de réaliser le but de l'amour qui est *le don de soi à l'autre différent de soi.* Notre société se soucie de moins en moins de l'amour, son idole étant devenue la réussite sociale, le succès individuel, la gloire personnelle et son slogan « la fin justifie les moyens », sa loi.

Évidemment quand tout, mais absolument tout doit converger vers le « moi » et cela à n'importe quel prix, on se retrouve très rapidement dans une jungle où l'autre devient un ennemi à neutraliser sinon à anéantir. L'autre n'est plus une richesse à gérer mais une menace à écarter, à moins qu'on ne réussisse à le manipuler et à l'asservir pour l'utiliser à ses propres desseins. Peut-on se surprendre que tant de cœurs s'alarment, que tant de mains deviennent faibles, que tant d'esprits soient abattus, que tant de genoux se fondent en eau ? C'est comme si, alors que l'on rêvait encore de l'amour de l'Éden, on naissait toujours plus près de l'enfer...

Notre âge a voulu créer une nouvelle « moralité ». Les sages l'ont vite démasquée et ils ont bien vu qu'elle n'était que la réapparition de « l'ancienne » immoralité. Les rapports Kinsey, entre autres, en illustrant jusqu'au moindre des détails des expériences qui n'étaient pas inconnues de la tradition judéo-chrétienne puisqu'elle a pris la peine de les énumérer pour les dénoncer, ont cherché à faire passer pour naturelles, des anomalies, des perversions et des formes de comportement considérés contre-nature, et cela en évoquant « la grande variabilité et la multiplicité des actes sexuels ». Ce que la société s'est toujours efforcée de placer hors des limites de la discussion publique par pudeur, par honneur pour l'humanité, ces rapports ont voulu en parler avec « franchise ». Nous savons cependant depuis un certain temps maintenant, qu'en ayant voulu affranchir la sexualité des traditions, des lois sexuelles judéo-chrétiennes, nous avons été trop loin. En faisant de la statistique une science normative, c'est-à-dire un point de référence visant à établir la « norme », on a voulu faire croire que tous les actes sexuels étaient « naturels » à l'homme et donc qu'il ne fallait pas les endiguer au moyen de tabous ou de défenses, mais les faire admettre par la morale... Raisonnement absurde puisque, depuis les temps anciens, d'une extrémité de la terre à l'autre, on sait que l'homme peut faire et l'ange et la bête... Tout ce qui se retrouve dans la nature humaine n'est pas obligatoirement « naturel » du point de vue moral. Quand il s'agit de savoir ce qui est bien et mal, on ne peut pas se baser sur des « tout le monde le fait » pour obtenir une réponse juste. Par exemple, on pourrait un jour établir, si cela n'a pas déjà été fait, que 51 p. 100 ou 60 p. 100 ou 80 p. 100 ou 99 p. 100 des gens mentent quotidiennement, régulièrement ou à l'occasion. Quelle statistique ! Va-t-on l'employer pour cesser d'enseigner aux enfants à dire la vérité ? Va-t-on s'en servir pour ne plus punir ceux qui racontent des mensonges ? Va-t-on la brandir pour changer les lois qui condamnent le parjure ? Finalement allons-nous devoir mettre fin à nos traditions basées sur l'honnêteté et cesser de donner sa parole, de tenir parole, de n'avoir qu'une parole ? Le raisonnement est insensé. Que « tout le monde » mente, vole ou pratique une forme ou une autre d'autoérotisme, cela ne prouve qu'une chose : Les temps sont difficiles[1]. Notre civilisation a quitté les anciens sentiers, pour suivre des chemins non frayés et elle est devenue comme les civilisations englouties, un objet de désolation et de consternation.

Les lois sexuelles sont inamovibles parce qu'elles sont inscrites dans notre corps. (Rappelons-nous seulement les interactions des spermatozoïdes et de l'ovule...) Elles émanent de notre Créateur et elles n'ont qu'un seul but : Nous soustraire aux horreurs, antithèses de l'amour, machinées par le tentateur. Dès qu'on se révolte contre les lois sexuelles, on bouscule la tension amoureuse et on entrave son établissement maximal et sa résolution maximale. En fait, c'est dans la mesure où l'on se penche sur le mécanisme délicat de la tension amoureuse que l'on comprend le sens fonctionnel des traditions en accord avec les lois sexuelles[2]. Celles-ci perdent bientôt le caractère arbitraire qu'on leur prête si facilement pour devenir tout simplement vérité.

L'amour de l'Éden

Le récit sacré nous raconte que le Créateur Qui avait semé dans l'espace les étoiles, les constellations et les galaxies, Qui avait peint avec une extrême délicatesse les fleurs des champs, Qui avait orné la terre, la mer et les cieux d'une multitude d'animaux, de poissons et d'oiseaux, merveilles de Sa puissance, voulut couronner Son œuvre glorieuse en lui donnant un maître. Il créa ainsi l'homme et déclara immédiatement : « Il n'est pas bon que l'homme soit seul ; Je lui ferai une aide semblable à lui. » L'homme ne devait pas être seul. Il avait en lui des aptitudes à la sympathie et à la sociabilité qui devaient être satisfaites. Il avait besoin d'une compagne, de même nature que lui, aimante et digne d'être aimée, désireuse de vivre auprès de lui, capable de partager ses joies et de répondre à ses affections.

La femme fut alors tirée de l'homme, non de sa tête pour qu'elle le mène, ni de ses pieds pour qu'il la traite en inférieure, mais d'une de ses côtes car elle était destinée à se tenir à son côté comme son égale aimée et protégée. La tension amoureuse était déjà établie quand Dieu amena la première femme vers le premier homme. Alors qu'il était seul et triste, il avait ressenti le besoin d'une compagne. En la voyant, il fut porté vers elle et tandis qu'elle répondait à son enthousiasme, il s'exclama : Voici celle qui est os de mes os et chair de ma chair ! Elle était une autre partie de lui-même, capable de vivre avec lui une union intime. Sans tarder le Créateur prit la peine d'établir la réglementation des relations sexuelles et de la procréation, et de célébrer ainsi le premier mariage qui constitue la forme sociale primitive de tout le comportement humain : « L'homme quittera son père et sa mère, et s'attachera à sa femme, et ils deviendront une seule chair. » Le mariage devait permettre l'attachement d'un homme à une femme qui consentait au rapprochement.

L'amour de l'Éden, c'est l'amour d'un homme qui se sent incomplet, pour une femme qui accepte de le compléter. L'insistance masculine est maximale et la résistance féminine, minimale. Le couple se forme sans hésitation et pour toujours. Dès lors, il connaît le bonheur de vivre *ensemble*, de mettre tout en commun et d'avoir des enfants. L'amour de l'Éden, c'est l'amour simple de ceux qui ont le cœur pur et qui savent se serrer plus fort chaque fois que les choses vont mal.

L'amour aux portes de l'enfer

Pendant des millénaires, notre civilisation a gardé ses regards fixés sur le Paradis perdu et dans les thèmes grandioses de la création, de la tentation, de la chute et de la rédemption de l'homme et de la femme, la sculpture, la peinture, la littérature et la musique ont puisé des chefs-d'œuvres qui, encore aujourd'hui, nous lancent un défi : La généalogie de notre race ne la fait pas remonter à une succession d'infusoires, de mollusques et de quadrupèdes se transformant peu à peu, mais elle la fait remonter au Créateur. Nos premiers parents étaient « fils de Dieu » et tant qu'ils restèrent obéissants à Ses lois, ils furent heureux.

Le mal n'a pas d'explication. On ne peut en donner qu'une description : Le tentateur, prenant la forme du serpent, alors le plus bel animal de la création, se percha sur l'arbre défendu et se mit à parler à la femme. Compliments, flatteries, louanges eurent raison de sa résistance, et des paroles dites d'une voix musicale et caressante réussirent à la faire douter de son Créateur et à la tenir éloignée de son mari. Ève fut séduite. Elle crut au mensonge et malgré l'ordre exprès, elle mangea du fruit défendu. Sous l'empire d'une étrange fascination, croyant ressentir en elle une force vivifiante et s'imaginant entrer dans une sphère plus élevée, elle se hâta de séduire à son tour son mari.

Le récit est simple : Ève désobéit parce qu'elle écouta la voix du serpent plutôt que celle de Dieu et Adam désobéit parce qu'il aima sa femme plus que son Créateur. Sitôt leur allégeance à Dieu rompue, le couple, comme des complices sur le point d'être attrapés, se querella. L'amour et la paix qu'ils connaissaient, firent place à des sentiments de culpabilité, de désenchantement et à une frayeur de l'avenir. L'homme maintenant frappé de terreur devant son Créateur, au lieu de se repentir, se mit à accuser sa femme et à rejeter sur elle la responsabilité de sa faute.

La tentation avait entraîné la chute et désormais rien ne serait plus jamais pareil. La connaissance du mal avait tout infecté : Le lion se mettrait bientôt à manger l'agneau, les fleurs à faner, le vent à rager, le sol à donner des épines, les enfants à mourir et l'homme et la femme à vivre en ennemis. Leur nature d'homme et de femme était soudainement radicalement altérée. L'homme qui avait tant aimé sa femme, était prêt à la repousser et à la considérer comme un fardeau, un obstacle à son épanouissement ; et la femme qui avait été parfaitement heureuse aux côtés de son mari, maintenant était remuante, désireuse d'occuper ailleurs d'autres positions et elle répugnait aux devoir de la vie... La tension amoureuse était totalement perturbée : l'insistance masculine était devenue minimale et la résistance féminine maximale. L'amour venait de tomber aux portes de l'enfer.

L'amour aux portes de l'enfer : Les femmes allaient se mettre à céder leur corps sans avoir cédé leur cœur. L'amour aux portes de l'enfer : Les hommes allaient se mettre à prendre un corps sans en avoir pris le cœur... Oh ! comment pourraient-ils vivre longtemps sous le mépris et dans la colère que susciteraient des relations sexuelles uniquement physiologiques ? La détresse des femmes qui auraient... « les mains sur le seuil »... et la frustration des hommes atteindraient des proportions effarantes. La peur envahirait les femmes et la lâcheté congèlerait les hommes. À trop résister et à ne pas suffisamment insister, ils porteraient ensemble le visage de la haine et refuseraient le face à face...

Pour les arracher à cette déchéance, le récit millénaire nous dit qu'immédiatement Dieu parla à la femme : « Tes désirs se porteront vers ton mari » (accepte-le, tu as besoin de lui), et Il l'avisa que l'homme dominerait sur elle, (c'est-à-dire qu'il serait responsable d'elle). En tant que Père, Il leur indiquait le seul moyen de remettre la tension amoureuse à l'endroit.

Le temps passe et les temps changent. Au début de l'ère chrétienne, le même remède aux désordres de la tension amoureuse devait être donné : « Femmes, soyez soumises à vos maris ; maris, aimez vos femmes. » Bien sûr après tant de temps, il est facile de ne plus rien y comprendre, car très souvent l'homme, abusant de son autorité, a rendu le sort de la femme amer et fait de sa vie un martyre. En oubliant qu'il devait aimer, il s'est cru le droit et le devoir de soumettre lui-même la femme à lui-même... Évidemment, un homme peut soumettre « le corps » d'une femme ; il peut l'immobiliser, l'isoler, le maîtriser, l'asservir... Il est plus fort qu'elle ! Mais... quand il s'agit du cœur... elle est plus forte que lui !

Ce n'est que de son propre gré qu'une femme cède son propre cœur à un homme qui a su lui montrer de la bonté et lui prouver qu'il veut et qu'il peut l'aimer vraiment. La soumission de la femme à l'homme est toujours une décision strictement féminine, mais c'est une décision qui peut être influencée par la qualité et la quantité de l'amour qu'un homme est désireux de lui donner. Par contre, un homme ne peut pas commencer à véritablement aimer une femme tant qu'elle ne lui a pas dit « oui ». Un homme viril ne s'impose pas. Certes, n'importe qui peut, s'il le veut, forcer une porte. Mais quel privilège, quel honneur, quel bonheur de pouvoir être invité... et alors que l'on arrive avec des fleurs, de voir que le tapis rouge a été déroulé, que les chandeliers ont été allumés et que la table est mise !

La pruderie bourgeoise du début du siècle parlait des devoirs conjugaux. La sociologie du milieu de notre siècle a parlé des lois sexuelles. Nous parlons du désir féminin. Femmes..., fermons les yeux. C'est le temps de laisser monter en nous le cri de notre âme. Notre immense besoin d'être aimées est notre motivation et pour jouir de l'amour fidèle d'un homme qui veut aimer, notre résistance doit se briser. Alors... la note en Éden perdue, la note qui s'appelle Amour, se mettra à vibrer dans le cœur de tous ceux qui ont uni leurs destinées. Alors... à tous les coups qu'ils recevront, au choc du plus terrible trait, cette note résonnera : Amour... Amour... Amour parfait.

Constance...

J'AI BEAUCOUP de respect pour Constance. Selon moi, c'est une vraie femme. Certes, je connais son histoire et il est normal que je sois fière d'elle. Constance ne sourit pas. Ses cheveux très noirs, tirés en un chignon très sage, dégagent un visage où dominent de grands yeux cerclés de lunettes à monture d'écaille. Aux commissures de ses lèvres flotte une bonté un peu triste et à ses mâchoires s'accroche une détermination sans hésitation. Elle porte des robes simples à col Claudine qui lui donnent un grand air. Ça me surprend qu'on ne la remarque pas plus que cela... Parfois, je me dis que c'est peut-être à cause de la très grande discrétion qui se dégage de sa personne. Les gens n'osent pas troubler sa réserve et ils en développent une crainte de la gêner...

Je disais que je connaissais son histoire. En réalité, pas tout à fait. Je l'ai plutôt devinée. Ce n'est pas la même chose. Il était un temps où Constance me téléphonait assez régulièrement. Je décrochais, lui disais bonsoir et je l'écoutais...

soupirer tout doucement, sangloter en silence et s'excuser d'avoir à se moucher... Au bout d'une vingtaine de minutes, elle me disait merci et je lui murmurais: « Courage. Ne lâchez pas. » Elle raccrochait et je restais assise dans la pénombre, songeuse. Je sentais qu'elle menait un rude combat: Mère de plusieurs enfants, épouse d'un homme qui... qui... quoi? Peut-être buvait-il, peut-être était-il dépressif, peut-être était-il un parieur, un joueur, et comme dit le proverbe: « Heureux au jeu, malheureux en amour »... Malheureuse elle l'était, mais exactement pourquoi, je ne le sais. Était-ce la pauvreté? la solitude morale? l'incompréhension? l'opposition? l'injustice? Une ou deux fois, Constance m'a écrit une longue lettre de sa belle écriture régulière. Elle m'y parlait d'allaitement, des bobos de ses trésors et de cuisine. Elle est aussi venue me visiter à quelques reprises seule et à quelques reprises avec son époux. Nos petits jouaient ensemble. Nos maris discutaient de choses et d'autres. Nous parlions d'éducation, de lendemains plus lumineux... J'essayais de percer son mystère, de sonder son regard mais pas trop quand même car j'admirais une telle retenue. J'y lisais beaucoup d'amour pour les siens et, qu'on le veuille ou non, cela commande le respect.

Le temps a passé et je n'ai jamais su ce qui s'était vraiment passé. Mais une fois... Constance ne fut plus tout à fait la même. Ses yeux prirent un éclat de joie paisible. C'était comme si elle avait enfin ce que depuis toujours elle savait qu'elle aurait un jour... L'espérance dans le cœur d'une femme qui aime de cœur, ne la trompe jamais. Elle n'avait pas lâché. Chaque matin, elle avait grappillé le courage qu'elle pouvait trouver dans les pépiements des moineaux venus picorer les miettes de pain qu'elle avait lancées dans sa cour, dans les fleurs qu'elle avait cultivées dans sa plate-bande toute petite de jardin de ville, dans le rayon de soleil pénétrant par la fenêtre et réchauffant le salon où elle venait de jouer quelques minutes sur le tapis avec ses chéris. Et puis... sans presque voir le temps passer, les enfants avaient grandi. Et son mari s'était assagi. Et... elle avait gagné. À l'âge où tant de femmes sont seules, elle était l'âme d'un foyer où tout le monde l'aimait. Quelle assurance dans sa voix, dans ses gestes, dans sa démarche, dans son port de tête. L'assurance que donne une mission accomplie. Elle s'était mariée à un homme qu'elle admirait, un homme qu'elle voulait meilleur et plus grand qu'elle et elle n'avait pas changé d'idée. Le jour où elle lui avait dit « oui », elle lui avait cédé son cœur, et au cours de toutes ces années où elle avait dû lui résister de corps par des non inflexibles opposés à ses folies ou à ses désespoirs, elle ne le lui avait pas retiré. Par amour pour lui, elle n'avait pas abandonné son poste auprès de lui, alors qu'à sa manière à elle, elle le contraignait à ne pas abandonner le sien. Par exemple, elle m'avait raconté qu'un soir ses enfants s'étaient mis à lui poser des questions sur Dieu. Ni elle ni son mari n'étaient pratiquants, et cela l'avait bien surprise de voir que, malgré leur éducation libérale, ses plus grands avaient de telles préoccupations... Sans hésiter, elle leur avait ordonné : « Demandez à Papa. C'est lui le patron ici ». Étonné et jusqu'à un certain point inquiet, son mari avait pris cette responsabilité au sérieux et rassemblant ses souvenirs, après quelques recherches personnelles, il avait, à la grande joie de ses adolescents qui se mirent à l'apprécier et à s'y attacher, développé l'habitude de leur raconter les récits de l'Histoire sainte. C'est comme ça et autrement, qu'avec beaucoup de patience et de tact, petit à petit, les choses avaient fini par s'arranger...

Constance... Une femme réaliste, consciente des difficultés inhérentes au mariage, consciente des tourments qui font partie du destin de la femme mariée, consciente qu'en se résignant à les supporter avec dignité, elle finirait par les contourner. Constance... Une femme intelligente car elle avait su conserver à son mari inconséquent, une place et un rôle dans sa vie. Constance... Une femme qui n'ayant pas nié ni minimisé son besoin d'être aimée jusqu'à la mort, avait accepté d'investir dans les aujourd'huis pour retirer plus tard, les intérêts de la fidélité et de la persévérance.

C'est peut-être du coq à l'âne, mais l'alpinisme me fascine. Quel courage chez ces individus qui escaladent des pics hostiles au risque, sinon de leur vie, du moins de leur quiétude ! Ce qu'on les admire ! Ils bravent le froid, le vent, la faim. Ils s'exposent au danger réel et ils en retirent de la fierté. Leurs blessures, leurs engelures, leurs foulures sont leurs médailles et devant un air interrogateur et incrédule, ils proclament qu'ils font cela « par amour » de cela et qu'ils trouvent leur satisfaction dans la beauté d'un panorama, l'ivresse du silence, la limpidité de l'air et parfois... la cueillette des pâles fleurs des glaciers. Ces immortelles des neiges, doux velours, blanche laine, les passionnent et alors qu'ils les serrent sur leur cœur, elles font monter en eux la certitude qu'ils avaient bien raison d'entreprendre l'escalade, que tout cela valait la peine et que s'il fallait recommencer, ils recommenceraient...

Si la cueillette d'edelweiss justifie aux yeux d'un individu (et du monde entier), un périple comme l'ascension d'une aiguille avec tous ses périls totalement gratuits, entendons par là « inutiles » puisque sans influence vitale ni directe sur le bien-être de la société, la préservation d'une famille envers et contre tout, par une femme animée du désir féminin, ne mérite-t-elle pas notre encouragement, notre admiration, notre hommage ? Il n'y a pas de montée sans écorchure ; il n'y a pas d'amour sans meurtrissure... et pour continuer à grimper, tout comme pour continuer à aimer, il faut penser au sommet. Le processus est le même. L'enjeu ne l'est pas... car les edelweiss cueillies sur les flancs rocailleux de la vie conjugale, à force de loyauté, de respect et d'honneur envers son engagement, sont des êtres humains...

Constance... Une alpiniste de la vie qui avait appris à s'attacher à la corde de ses vœux, à s'agripper aux rochers de sa maternité, à bivouaquer sous les aspérités des tracas et des soucis et à jodler les cris de son âme : être aimée, être entourée de tendresse, être choyée jusque dans sa vieillesse par un mari affectueux et des enfants attentionnés. Ces cris avaient souvent été répercutés par l'écho solitaire de sa misère mais, parce qu'elle n'était pas redescendue, elle était arrivée au sommet.

Appendice A

L'autoérotisme : La négation de l'autre

Au XIXe siècle, on a cherché à contrôler la masturbation par la peur. De nombreux auteurs ont décrit les conséquences de cette activité secrète et ont insisté sur une relation certaine entre cette habitude et la maladie, la folie et l'impuissance. Ils ont aussi mis à la lumière ses effets psychologiques et ils ont insisté sur l'insécurité, la culpabilité, l'angoisse et la dépression qu'elle entraînait.

Au XXe siècle, on a banalisé cet acte au point de le vider de toute signification et d'effets négatifs quelconques. Mais en notre début de 3e millénaire, on est à nouveau confronté aux répercussions ruineuses de ce que les spécialistes ont toujours considéré comme une compulsion incompatible avec la dignité humaine. Ils emploient chacun leur langage et leur approche.

Les éducateurs parlent de *la perte du contrôle de soi,* la maîtrise de soi étant considérée comme le prélude à la liberté véritable et à la réalisation de buts nobles dans la vie ; et d'*une dépersonnalisation* réelle, l'individu s'isolant sur l'île déserte de son imagination où plus il imagine « quelqu'un », plus il se retrouve avec « quelque chose » qui frustre l'instinct qu'il cherche à satisfaire. Se masturber, c'est affirmer que l'on est seul, incapable d'aller vers l'autre, et vu l'aspect compulsif et obsessionnel de cet acte, qu'on pourra de moins en moins y aller[1].

Des sexologues parlent *des dangers de la culture de l'imagination sexuelle* qui précipitent l'individu solitaire dans la tendance à jouir de soi-même (narcissisme), tendance perverse chez un être créé pour aller vers l'autre différent de soi. Or cette tendance réalisée entraîne des modifications du caractère et de la personnalité équivalentes à une « castration psychique » : timidité de l'homme qui se sent diminué et inférieur à ses propres yeux, sinon aux yeux des autres, et perte de virilité et donc d'esprit d'initiative et de conquête, et cela pas seulement face au sexe opposé, mais dans tous les domaines de l'activité ; peur de la masculinité chez la femme, qui se transforme tôt ou tard en haine jalouse de l'homme qu'elle veut écarter, déplacer et mépriser en affirmant qu'elle n'en a pas besoin.

Des sexologues s'alarment aussi de l'*hyperexcitabilité* des organes génitaux provoquée par cette pratique. L'appétit sexuel devient artificiellement excessif et anormal par sa localisation, la sensibilité étant strictement restreinte aux organes sexuels qui réagissent avec excès à tout contact ou à toute image « adéquate ». L'individu s'abrutit car il s'éloigne des « objets normaux de la sexualité » que sont les êtres humains avec leurs complexités et leur charme particulier pour se fixer sur des images, des mirages... Pire et plus grave encore est le fait que cette hyperexcitabilité n'est jamais assouvie et pour cause : La satisfaction complète exige un engagement de cœur et des gestes de cœur aux antipodes des gestes de corps autoérotiques qui ne peuvent que produire une excitation physique purement locale, beaucoup trop rapide et insuffisamment étendue aux autres régions du corps et, de plus, détachée des autres sens et de la sphère affective sociale. Il est impossible de vivre tout seul ce qui ne peut se vivre qu'à deux.

Cette hyperexcitabilité devient de plus en plus grande au fur et à mesure que l'individu répète son geste et très rapidement, il est poussé à l'abus, à l'acte répétitif, à la chaîne. La masturbation aussi appelée plaisir solitaire, possède avec les toxicomanies de nombreux points communs. Elle aboutit ainsi toujours à un surmenage nerveux qui à son tour entraîne un état d'excitabilité accrue de toutes les fonctions neurovégétatives. Le Dr A.D. Hart parle de conduite de dépendance qui mène à la dépression grave. Il parle aussi de *cybersexe,* le crack de la compulsion sexuelle, et révèle qu'il est un masque de la dépression masculine, d'une très grande souffrance émotionnelle, créant et entretenant un profond sentiment de honte et de culpabilité[2]. Il n'y a qu'un moyen de s'en sortir : Cesser toute activité masturbatrice et toute activité génératrice de cette compulsion, d'une façon absolue. Après un « jeûne » de un à six mois, le système nerveux reposé retrouvera son équilibre.

Aujourd'hui les auteurs sérieux concèdent que la masturbation est une habitude qui doit disparaître rapidement pour ne pas devenir anormale. Ils conseillent, plutôt que de frapper l'enfant ou l'adolescent de terreur et de susciter en lui le dégoût de soi, de lui présenter l'impasse dans laquelle il risque d'être piégé : « L'activité masturbatrice est une activité déviée de sa fin et privée de la discipline de la réalité. Celui qui en devient esclave agit désormais sans but, manque de contrôle, de persévérance et de direction, son attention se refuse, sa volonté est ruinée. Sa vie affective est dominée par les composantes infantiles, égoïsme et violence destructrice : Il se dénonce aux seules sautes du caractère. Il mêle un cynisme brutal à une timidité maladive. L'habitude d'une vie secrète inavouable le conduit à la dissimulation, à une absence ordinaire de franchise, de netteté ; l'autoaccusation toujours renaissante, toujours découragée, le livre à toutes les désadaptations du sentiment d'infériorité. Tout cela peut finir au surplus en neurasthénie ou par diverses anomalies sexuelles[3]. »

Des médecins explorant le problème sous un autre angle, ont insisté sur *les carences* qui peuvent s'installer rapidement dès qu'un individu a pris l'habitude de se masturber. Le sperme est un fluide contenant du calcium (25 mg %), du zinc (14 mg %), du magnésium (14 mg %), de la vitamine C (13 mg %) et de l'inositol (53 mg %)[4].

L'inositol est une vitamine du complexe B. Concentré dans le cerveau, l'inositol se retrouve également en abondance dans les muscles squelettiques et cardiaques ainsi que dans le liquide séminal. L'urine des diabétiques en contient plus que la normale. L'inositol est essentiel au métabolisme des graisses. En combinaison avec la choline, il empêche le durcissement des artères et protège le foie, les reins et le cœur. Il est utile dans la nutrition du cerveau, indispensable dans la fabrication des cellules de la moelle épinière, des membranes des yeux et des intestins. Il est essentiel pour la pousse des cheveux. Une carence en inositol peut être à l'origine d'une constipation opiniâtre, d'un eczéma, d'anomalies des yeux, de la perte des cheveux, d'une calvitie et d'un taux élevé de cholestérol. Certaines études ont démontré que l'inositol avait un effet calmant marqué, capable de contrôler l'anxiété, l'insomnie et la haute pression causées par le stress[5]. On trouve l'inositol dans les fruits, les céréales complètes, les légumes, les noix, les légumineuses.

Le docteur David Horrobin (M.D., Ph.D. de l'Université d'Oxford) a rapporté : « La quantité de zinc présente dans le sperme est telle qu'une seule éjaculation élimine tout le zinc qui peut être absorbé au niveau des intestins en une seule journée. Il y a à cela un certain nombre de conséquences : À moins que la quantité perdue ne soit remplacée par un apport alimentaire accru, des éjaculations à répétition peuvent conduire à une réelle déficience en zinc, cause de divers problèmes dont l'impuissance. Il est même possible, étant donné l'importance du zinc pour le cerveau, que les moralistes du XIXe siècle aient eu raison quand ils disaient que la masturbation à la chaîne pouvait rendre fou un individu[6]. »

Le docteur Carl C. Pfeiffer (Ph.D, M.D.) a affirmé : « Nous détestons le dire, mais chez un adolescent déficient en zinc, l'excitation sexuelle et la masturbation excessive, peuvent précipiter la folie[7]. »

Le zinc est un oligo-élément indispensable pour la santé. On reconnaît qu'il y a une relation directe entre la carence en zinc et l'anorexie mentale[8], les désordres immunitaires[9] et certaines formes de schizophrénie[10]. Les premiers signes de la carence en zinc sont les stries et les taches blanches sur les ongles, la chute des cheveux ou des poils et leur blanchissement précoce, les vergetures tant chez les hommes que les femmes en dehors de toute grossesse ainsi que l'inflammation de la langue. On signale aussi la perte de l'appétit, du goût et de l'odorat, une mauvaise guérison des plaies, et des douleurs localisées aux genoux et aux hanches[11]. Les besoins quotidiens en zinc sont de 15 mg ; mais en période de croissance rapide, de transpiration excessive et de stress intense, pour éliminer tout signe d'une carence en zinc, des suppléments de zinc allant jusqu'à 200 mg par jour peuvent être nécessaires[12]. Les meilleures sources de zinc sont les graines de sésame entières, le beurre d'arachide, le miso et le pain complet artisanal[13].

Finalement, l'autoérotisme, c'est aussi, c'est d'abord, la négation de l'autre. Aimer signifie construire une relation vraie entre deux êtres. La vie en couple est la consécration de notre adaptation à autrui et au monde extérieur. C'est le baromètre de notre santé mentale.

La pratique de l'autoérotisme témoigne chez l'homme de la prédominance infantile du désir d'être aimé sur la joie d'aimer. La maturité veut que le désir d'aimer l'emporte sur le désir d'être aimé. L'homme est alors automatiquement attiré par la femme qui a besoin d'être aimée. Le désir tyrannique d'être aimé emprisonne l'homme dans l'autoérotisme. Il a peur de la possession, peur de la déception. Il a perdu le courage qu'il faut pour la poursuite amoureuse. Il est désarmé par sa faiblesse de caractère et par défaut d'agressivité virile, il ne ressent plus l'orgueil de la conquête difficile.

Chez la femme, la pratique de l'autoérotisme la cimente dans le refus d'être aimée. Pour cacher son incapacité de s'abandonner, elle développe une attitude maternelle qui l'amène à infantiliser les hommes et donc à les déviriliser. Elle peut ainsi continuer à les diriger et à refuser leur autorité mais ce faisant, elle se prive aussi de leur tendresse et de leur protection affectueuse.

L'autoérotisme, c'est une sexualité mise au service de son propre plaisir qui devient rapidement amertume. La recherche du plaisir pour soi et l'infini besoin des femmes d'être aimées, ne coïncident pas. Le désintéressement du monde extérieur entraîne chez l'homme, une perte de l'érectivité, expression de la joie de vivre dans une jouissance partagée. Dans l'acte sexuel réussi, le paroxysme est un moyen de parvenir à l'union sexuelle. Dans l'acte solitaire, le paroxysme est sa propre fin. L'individu est fixé à lui-même, enchaîné à sa solitude. L'acte sexuel, véhicule de l'amour capable de tendresse et d'altruisme, est défiguré en un acte partiel et aberrant qui veut faire croire à l'homme et à la femme qu'ils ne sont que chair et individualité, alors que l'homme et la femme les plus ordinaires et même les plus déchus, savent très bien qu'ils sont aussi esprit et cellule sociale. On comprend que l'acte solitaire donne à l'individu une impression de déchéance, un sentiment de vide intérieur caractéristique.

Acceptons-le avec joie : Les lois sexuelles sont là pour nous empêcher de sombrer dans la folie sexuelle. Donner de l'amour, ce n'est pas en perdre. L'autoérotisme est une négation. C'est la négation de l'autre... mais c'est aussi la négation de soi. L'amour, c'est l'affirmation et de soi et de l'autre.

Appendice B

Le renversement des rôles : En guerre avec soi-même

LE REFUS psychique, souvent inconscient, d'être homme ou d'être femme, débouche assez rapidement sur des troubles hormonaux qui défigurent l'homme et la femme et qui affectent profondément leur santé physique et mentale.

Le plus grand stress que puisse subir un homme est le stress que provoque dans son esprit d'homme le refus ou l'incapacité de porter des responsabilités, de faire face à ses obligations, de conquérir sa femme, de s'occuper de ses enfants. C'est ce stress qui est à l'origine de la dépression masculine. Le sentiment de ne pas être un homme amène l'homme à se mépriser et à vouloir se détruire. Or dans notre société, les moyens de destruction sont nombreux et à la portée de la main : surmenage, alcool, tabac et autres drogues, vagabondage sexuel. Un jour, affaissé, malade et sur le point d'être détruit, l'homme se retrouve chez le médecin ou ailleurs, où on lui dit : « Vous avez trop travaillé ou trop bu ou trop fumé ou trop couru d'aventure en aventure... » alors qu'en réalité, il n'a pas été assez homme. Il a étouffé sa conscience d'homme et il le sait. Il a accepté un renversement des rôles qui lui a permis de poursuivre une existence égoïste, sa femme faisant tout pour lui et lui se laissant vivre. Il a pris alors qu'il était appelé à donner. Il s'est laissé séduire alors qu'il aurait dû faire la cour, conquérir honnêtement et s'engager ouvertement. Il est impossible pour un homme de demeurer sain de corps et sain d'esprit quand il vit au-dessus d'une conscience qui, malgré tout ce qu'il fait pour la faire taire, lui dit jour et nuit, qu'il vit un échec. La dépression avec tout son cortège de maux physiques et mentaux (ulcère, insomnie, maux de tête, palpitation, douleurs au thorax, idées suicidaires, etc.) devient ainsi le refuge de ceux qui savent qu'ils fuient les responsabilités qu'ils sont appelés à porter et qu'ils sont capables de porter[1].

Le refus de porter des responsabilités empêche un homme d'avoir une production normale d'androgènes et c'est ainsi qu'il s'efféminise. Ces hormones mâles sont produites par les testicules mais aussi, sous l'influence des défis normaux de la vie d'un homme, par les glandes surrénales. Ainsi plus un homme lutte et mène des combats réels et valables, plus il est et sera viril. Par contre, la volonté de tout diriger, la combativité, le surmenage, des entraînements, des défis trop poussés et portant sur des durées trop longues, provoquent chez la femme une surproduction d'hormones androgènes d'origine surrénalienne qui est la cause d'une virilisation qui lui fait perdre sa beauté féminine et sa santé : acné, moustache, poils au menton, duvet sur les joues, perte des cheveux et calvitie, voix éraillée, deviennent son lot alors qu'elle est affligée par des troubles du cycle ovarien comme le syndrome prémenstruel, une ménopause précoce et l'ostéoporose, entre autres. Elle va aussi souffrir des maladies liées aux vices masculins qu'elle adoptera pour calmer son stress : alcool, tabac, drogues, vagabondage sexuel.

Après un temps d'euphorie liée au sentiment de puissance, la femme qui a méprisé sa féminité, qui a asservi l'homme, sera envahie par un effroyable sentiment de solitude, d'insécurité, de vulnérabilité lorsque paraîtront les premières rides, les premiers cheveux blancs, les premiers signes de la ménopause[2]. La dépression la saisira avec ses regrets, ses sentiments pénibles de non-accomplissement. La ménopause sera pour elle un temps d'agonie prolongée et elle pleurera souvent en cachette sa jeunesse, sa beauté, son dynamisme disparus, dévoués aux exigences impitoyables de sa carrière (ou autre) même si celle-ci a été couronnée de succès ; car comme l'a dit un auteur féminin, très souvent, « la gloire, pour la femme, n'est que le deuil flamboyant du bonheur »...

Appendice C

La famille chrétienne : Un plus grand amour

L'HISTOIRE nous rapporte que la civilisation romaine est morte assassinée par ses mauvaises mœurs. Les efforts des empereurs comme César Auguste, visant à interdire le divorce et à favoriser les familles de trois enfants, avaient fait échec. La société semblait totalement corrompue. C'est le christianisme triomphant qui devait sauver la famille en propageant des principes domestiques[1] totalement aux antipodes des habitudes romaines. Ces principes appliqués ont donné naissance à la famille chrétienne appelée aussi famille traditionnelle.

Cependant, l'originalité profonde de la famille chrétienne ne réside pas tant dans sa structure – un homme responsable, une femme collaboratrice, des enfants obéissants – que dans le fait qu'elle reconnaît que l'amour est véritablement un cadeau de Dieu qu'Il est prêt à donner à quiconque le demande. C'est pourquoi le chrétien prie Dieu, le Père, au nom de Jésus, le Fils, le Rédempteur, pour le don du Saint-Esprit, le Consolateur, dont le rôle principal est de placer l'amour de Dieu dans le cœur humain[2].

Alors et uniquement alors, ce cœur devient capable d'aimer non seulement Dieu mais aussi son prochain et, miracle insondable, il arrive en plus à aimer ses ennemis, que ceux-ci aient le visage d'un conjoint infidèle ou violent, d'un enfant rebelle ou déficient, d'un parent indifférent ou irresponsable, d'un voisin bruyant ou louche. Cet amour chasse la peur. Il est plein d'indulgence et couvre les fautes. Il pardonne et espère la réconciliation. Un tel amour – un amour divin dans un cœur humain – assure à la famille chrétienne sa stabilité et son bonheur, en dépit de tous les stress et angoisses qu'elle peut vivre, comme toutes les familles sur cette terre, depuis la chute.

Références

Le désir féminin

1. *Code civil* de 1804 (France)
2. *Code civil* en vigueur en 1992 (France)
3. Étude publiée dans *L'Express* du 12-6-86 sur la famille.

Les rôles dans l'amour

1. Hesnard A., *La sexologie*, Petite Bibliothèque Payot, p. 35, 1959.
2. Ibid. p. 13.
3. Ibid. p. 417, citation de G. Marañon.
4. Starenkyj D., *La ménopause : Une autre approche...*, p. 290, 291, Orion, Québec.
5. Hesnard A., *La sexologie*, p. 65.
6. Starenkyj D., *La ménopause : Une autre approche...* « Le climatère au masculin », p. 323-343, Orion, Québec.

Les priorités de l'amour

1. Genèse 2, 24, *La Bible.*
2. Campbell R., *Comment vraiment aimer votre enfant*, Orion, Québec.
3. Campbell R., *L'adolescent, le défi de l'amour inconditionnel*, Orion, Québec.
4. Starenkyj D., *Le bébé et sa nutrition*, Orion, Québec.
5. Starenkyj D., *L'enfant et sa nutrition*, Orion, Québec.
6. Starenkyj D., *L'adolescent et sa nutrition*, Orion, Québec.

7. *Code civil* Loi du 4-6 1970. Art. 371-2 (France).
8. *Déclaration des droits de l'enfant* promulguée par l'O.N.U., le 20 novembre 1959.
9. Politique de la petite enfance, *L'Express* du 3 au 9 décembre 1984.
10. Dans les livres du même auteur, *Le bébé et sa nutrition* et *L'enfant et sa nutrition*, voir, pour une description détaillée et une discussion de ce phénomène, les chapitres « L'apprentissage du bébé » et « L'apprentissage de l'enfant », p. 159-177 et p. 141-147, Orion.
11. Publié chez Orion.
12. Campbell R., *Votre enfant et les drogues*, Orion, Québec.
13. *Code civil* article 371 (France).
14. Honorer ses parents, selon le texte sacré, c'est l'obligation pour l'enfant de *ne pas frapper* ses parents, de *ne pas les maudire* et de *ne pas voir leur nudité.* Voir pour une description détaillée de ces trois interdictions *Le bébé et sa nutrition*, p. 169-175, Orion.
15. *Déclaration des droits de l'enfant*, O.N.U., 1959.
16. Livre des Proverbes, *La Bible.*
17. Luc 15, *La Bible.*
18. Starenkyj D. et S., *Belles histoires comme autrefois*, Orion, Québec, 2005.

Se comprendre pour mieux aimer

1. Rosenman R.H., Friedman M., Association of Specific Behavior Pattern in Women with Blood and Cardiovascular Findings, *Circulation*, Vol. 24, November 1961.
2. Rosenman R.H., Friedman M., et al. A Predictive Study of Coronary Heart Disease, *JAMA*, July 6, 1964.
3. Keith R.A., Lown B., Store F.J., Coronary Heart Disease and Behavior Patterns, *Psychosomatic Medecine*, Vol. 27, No. 5, 1965.
4. Rosenman R.H., Friedman M. et al., Coronary Heart Disease in the Western Collaborative Group Study, *JAMA*, Jan. 10, 1966.
5. Caffrey B., Reliability And Validity of Personality And Behavioral Measures In A Study Of Coronary Heart Disease, *T Chron Dis*, Vol. 21, 1968.
6. Friedman M., Rosenman R.H., Straus R., The Relationship of Behavior Pattern A to the State of the Coronary Vasculature, *American Journal of Medecine*, Vol. 44, April 1968.
7. Friedman M., Brown A.E., Rosenman R.H., *JAMA*, May 5, 1969.
8. Campbell R., *Comment vraiment aimer votre enfant*, Orion, Québec.
9. Campbell R., *L'adolescent, le défi de l'amour inconditionnel*, Orion, Québec.
10. Starenkyj D., *L'enfant et sa nutrition*, « Comprendre le tempérament de son enfant », Orion, Québec.
11. Starenkyj D., *Les cinq dimensions de la sexualité féminine*, « Le maternage biologique », Orion, Québec.
12. Minirth F., Meier P., Hawkins D., *Worry – Free Living*, Thomas Nelson Publishers, 1989.
13. Ibid.
14. Starenkyj D., *La ménopause : Une autre approche...*, « La manipulation émotionnelle » et « Les moyens de la manipulation », Orion, Québec.

L'amour et la beauté

1. Harvey Paul, *ABC News* (U.S.A.), April 14, 1970.
2. Hesnard A., *La sexologie*, p. 174.
3. 1 femme sur 20 en Amérique du Nord, 1 sur 200 en Occident, mais ce phénomène est pratiquement inconnu chez les femmes méditerranéennes. Voir de Danièle Starenkyj, *La ménopause : Une autre approche...*, « Femmes d'antan... Femmes d'ailleurs » et *L'adolescent et sa nutrition*, « Anorexie et boulimie », Orion.
4. Barker-Benfield G.J., *The Horrors of the Half-Known Life*, Harper and Row, 1976.
5. Cooper F.J., *Notions of the Americans*, London, 1828.
6. Tocqueville A., *Journey to America*, ed. J.P. Mayer, London, 1959.
7. « Les statistiques indiquent que 6 p. 100 des femmes affligées d'anorexie mentale en meurent, 2 p. 100 se suicident, 49 p. 100 retrouvent un poids normal, 31 p. 100 accusent un certain gain et 18 p. 100 n'en gagnent pas. Par contre, même parmi les patientes qui retrouvent un poids normal, un grand nombre d'entre elles développent d'autres graves problèmes psychiatriques. » Voir de Danièle Starenkyj, *L'adolescent et sa nutrition*, « Anorexie et boulimie », p. 80, Orion, Québec.

Ce que cœur de femme veut.

1. Pour une grossesse, un accouchement et un allaitement qui favorisent au maximum l'attachement, voir, du même auteur *Les cinq dimensions de la sexualité féminine*, Orion, Québec.
2. Starenkyj D., *Les cinq dimensions de la sexualité féminine*, « Le maternage biologique », Orion, Québec.
3. Klaus M.H., Kennell J.H., *Maternal – infant bonding*, The C.V. Mosby Company, Saint Louis, 1976.
4. Starenkyj D., *Le bébé et sa nutrition*, « Les bébés d'hier », Orion, Québec.
5. Starenkyj D., *Les cinq dimensions de la sexualité féminine*, Orion, Québec.
6. Starenkyj S., *Le nouvel Ars moriendi*, dit l'art de bien mourir, Orion, Québec.
7. Pour un enfant, l'indépendance commence lorsqu'il n'existe plus entre lui et ses parents de dépendance économique. Une dépendance économique prolonge toujours une dépendance émotionnelle incontournable.
8. Starenkyj D., *Le bébé et sa nutrition*, « L'apprentissage du bébé », Orion, Québec.
9. L'anonymat est le comportement ordinaire des habitués des maisons de tolérance, des exhibitionnistes et des voyeurs. On fabrique l'anonymat chaque fois que l'on rentre en relation avec quelqu'un sans lui donner son identité, que l'on refuse de le regarder dans les yeux, qu'on lui tourne le dos ou que l'on se cache derrière son journal ou son ordinateur pour lui parler. La pratique d'autres positions que celle qui permet d'être face à face pour se donner entièrement et totalement, introduit dans le mariage des formes de rapport empruntées à la prostitution. L'épouse s'exclame : « Que sa main gauche soit sous ma tête et que sa droite m'enlace ! » (*Canti-*

que des Cantiques 2:65 et 8:3)
10. Autistique : qui a une forte tendance à l'introversion et à l'égocentrisme. L'individu autistique n'est attentif qu'à son « moi ». Il est centré sur lui-même. Le monde extérieur ne lui dit rien. Il ne le voit pas ou juste assez pour rapporter tout ce qui s'y passe à sa propre personne.
11. Schelsky H., *Sociologie de la sexualité*, Gallimard, 1966.
12. Starenkyj D., *La ménopause : Une autre approche...*, « Le climatère au masculin », Orion, Québec.
13. L'usage de plus en plus répandu du condom, obligatoire pour des raisons hygiéniques lors de rapports fortuits et anonymes, est un de ces moyens qui encourage le refus de la possession en empêchant l'imprégnation de la femme par l'homme. Lors de rapports normaux, l'utérus absorbe certaines substances contenues dans le sperme (prostaglandines). Celles-ci se retrouvent ainsi dans le courant sanguin de la femme pour être ensuite éliminées dans l'urine. Cette réalité physiologique serait responsable d'une meilleure santé mentale[14] mais aussi d'un taux plus faible (4.5 à 5 fois moins) de cancer du sein (*Medical Tribune*, March 28, 1979) chez les femmes mariées et fidèles.
14. Starenkyj D., *La ménopause : Une autre approche...* « Les problèmes sexuels de la ménopause », Orion, Québec.
15. Schelsky H., *Sociologie de la sexualité*, p. 71, 72, Gallimard, 1966.
16. Hesnard A., *La sexologie*, p. 332.
17. La rédemption : « Car Dieu a tant aimé le monde qu'Il a donné Son Fils unique afin que quiconque croit en Lui ne périsse point mais qu'il ait la vie éternelle. » Jean 3:16, *La Bible*.
17. Est pornographie toute représentation de choses qui blessent délibérément la pudeur en suscitant des représentations d'ordre sexuel destinées à être communiquées au public.
18. Voir du même auteur *Le mal du sucre*, *Le bonheur du végétarisme*, « Les non-aliments » et *L'adolescent et sa nutrition*, « Tabac, alcool et nutrition », Orion, Québec.
19. Schelsky H., *Sociologie de la sexualité*, p. 57.

La résistance féminine

1. Romains 1:28 à 32, *La Bible*.
2. Lévitique 18, 20 ; Deutéronome 18:9-14, *La Bible*.

Appendice A

1. Wilson E.D., *Sexual Sanity*, Breaking Free From Uncontrolled Habits, InterVarsity Press, 1984.
2. Hart A.D., *La dépression au masculin*, Orion, 2002.
3. Mounier E., *La sexualité*, Marabout Université, p. 35, 1964.
4. Mann Thaddeus, *The biochemistry of semen and the male reproductive tract*, New-York : John Wiley and Son, 1964.
5. Pfeiffer C.C., *Mental and Elemental Nutrients*, Keats, New Canaan, Conn.

p. 138-146, 1975.
6. Horrobin C., *Zinc*, Vitabooks, St-Albans, Vermont, p. 8, 1981.
7. Pfeiffer C.C., *Zinc and Other Micro-Nutrients*, Keats, 1978.
8. Starenkyj D., *L'adolescent et sa nutrition*, p. 86-93, Orion, Québec, 1989.
9. Ibid., p. 171-173.
10. Starenkyj D., *L'enfant et sa nutrition*, p. 101, Orion, 1988.
11. Starenkyj D., *L'adolescent et sa nutrition*, p. 257, 258, Orion, 1989.
12. Ibid., p. 90.
13. Ibid. p. 261-262.

Appendice B

1. Hart A.D., *La dépression au masculin*, Orion, 2002.
2. Starenkyj D., *La ménopause : Une autre approche...*, Orion.

Appendice C

1. Colossiens 3:18 à 4:1, *La Bible*.
2. Éphésiens 3:14 à 19, *La Bible*.

Table des matières

RECYCLÉ
Papier fait à partir de matériaux recyclés
FSC® C103567

Marquis imprimeur inc.

Québec, Canada
2012

Imprimé sur du papier Silva Enviro 100% postconsommation traité sans chlore, accrédité ÉcoLogo et fait à partir de biogaz.